WIEDERAUFNAHME DES KONKURSVERFAHRENS

Von

HEINRICH SCHEUFFLER

LEIPZIG
VERLAG VON VEIT & COMP.
1915

Leipziger juristische Inauguraldissertation

Druck von A. Th. Engelhardt in Leipzig.

FSC
www.fsc.org
MIX
Papier | Fördert gute Waldnutzung
FSC® C083411

Kolibri 360 GmbH
Ferdinand-Jühlke-Straße 7
99095 Erfurt, Deutschland
produktsicherheit@kolibri360.de

MEINER MUTTER

VORWORT.

Die Anregung zu dieser Arbeit hat mir Se. Exzellenz Herr Wirkl. Geh. Rat Professor D. Dr. WACH gegeben. Ihm, meinem hochverehrten Lehrer, bin ich für die wesentliche Förderung meiner juristischen Ausbildung, die seine Vorlesungen und Übungen mir geboten haben, zu größtem Dank verpflichtet.

Besonderen Dank schulde ich auch meinem Freunde, Professor Dr. ECKARD MEISTER, der diese Arbeit durch sein reges Interesse sehr gefördert hat, und tief schmerzlich berührt es mich, daß ich diesen Dank dem im siegreichen Kampfe für das Vaterland gefallenen Helden nur noch über das frühe Grab zurufen kann.

Inhalt.

Seite

Erster Teil: Die materiellen Grundlagen. 1

I. Der Zwangsvergleich eine Vergewaltigung der Vollstreckungsansprüche: der Konkursansprüche — der Spezialvollstreckungsansprüche — ungewöhnliche Widerstandskraft der Vollstreckungsansprüche, wie bei den Bevorrechtigten, im Falle des betrüglichen Bankrutts 1

II. Betrüglicher Bankrutt: Die Bankruttabsicht schafft die Bankruttlage der Vollstreckungsmassen — in der Bankruttlage enthält der Zwangsvergleichserlaß eine unbewußte Verwirklichung der Bankruttabsicht — mit Konkursprozeßaufhebung begeben die Gläubiger sich des wirksamsten Schutzmittels gegen Verwirklichung der Bankruttabsicht — in der von der Bankruttabsicht geschaffenen Bankruttlage der Konkursmassen ist die ungewöhnliche Widerstandskraft der Konkursansprüche begründet 3

III. Die subjektiven Theorien (Vertrauensunwürdigkeit — Strafwürdigkeit) und ihre Mängel — Vorzüge der objektiven Theorie — Unzulässigkeitsgrund bildet nur ein mit diesem Konkurs in Tatbestandszusammenhang stehender Bankrutt — in allen Fällen der Unwirksamkeit von vornherein schon Unzulässigkeit 7

IV. Die prozessuale Beachtung der Unzulässigkeit: verschieden je nach Eintritt der Bankrutterkenntnis — vor Inkrafttreten des Zwangsvergleichs als Hemmung — nach dessen Inkrafttreten als Sanierung — das anhängige Bankruttverfahren.. 11

V. Grundlagen des Wiederaufnahmekonkurses: Die Konkursansprüche des Hauptkonkurses treibende Kräfte auch des Wiederaufnahmekonkurses — der Hauptkonkurszweck auch Zweck des Wiederaufnahmekonkurses — der Wiederaufnahmekonkurs ruht auf dem Hauptkonkursgrund, fortwirkend zufolge des Bankrutts — Feststellung von Konkursgrund und Bankrutt — Wiederaufnahmegrund der Sonderkonkurse .. 13

Zweiter Teil: Die formelle Prozeßstellung. 18

A. Als außerordentlicher Rechtsbehelf gegenüber dem in kraft getretenen Zwangsvergleich (Reihe §§ 196ff. KO): Betrüglicher Bankrutt und Betrug ... 18

I. Ihre Natur ... 18

II. Ihre Einwirkung auf den Zwangsvergleich ... 20

III. Folgen ihrer Einwirkung: nur Unwirksamkeit — negotium claudicans — ex tunc — konkursmäßige Unwirksamkeit ... 20

B. Als Verfahrenswiederaufnahme: ... 23

I. Eigenart des Konkursverfahrens — Parteizweck — Interesse ... 23

II. Wiederaufnahmegrund: Beschwer durch Vorzeitigkeit der Konkursaufhebung — in Bankrutt-beeinflußter Konkurslage Zwangsvergleich keine ausreichende Motivation vorzeitiger Konkursaufhebung — generelle Gefährlichkeit ... 25

III. Wiederaufnahmeverfahren: Zweck — Aufnahmeverfahren im engern Sinne — wiederaufgenommenes Verfahren (Stellung zum Hauptverfahren — Stellung zum Zweckergebnis des Hauptverfahrens — Gewißheit der Erreichung des Wiederaufnahmezweckes) ... 27

IV. Als Wiederaufnahmeverfahren: Anhangsverfahren mit Anlehnungsmöglichkeit — Sonderverfahren ... 30

Dritter Teil: Die Gläubiger. 31

A. Der Hauptkonkurs als Ausgangspunkt. ... 31

I. Aufbau: Konkursansprüche — Konkursprozeß (Aktivgesamtheit — Passivgesamtheit) — Konkursanhängigkeit ... 31

Entwicklungsgang:

II. Konkursansprüche — Passivgesamtheits-Mitgliedschaft 32

III. Prozeßanhängigkeit im Erkenntnisstadium ... 35

IV. Aktivgesamtheits-Mitgliedschaft — Gruppierung der Gläubiger gegen Ende des Hauptkonkurses ... 35

V. Zwangsvergleich als Aufhebungsgrund der Konkursansprüche — partielle Schlußverteilung für die Bevorrechtigten ... 36

VI. In der Bankruttlage keine Aufhebungswirkung des Zwangsvergleichs 38

B. Der Wiederaufnahmekonkurs. Terminologische Gruppierung. 39

I. Konkursanspruchsinhaber: nur die restlichen Hauptkonkursansprüche — nicht Neugläubiger, nicht restliche Bevorrechtigte 40

II. Passivgesamtheits-Mitglieder: alle Inhaber des Konkursforderungstatbestandes bei Wiederaufnahme — Veränderungen des Mitgliederbestandes — Verschiebungen der Mitgliedsstellung; Verschiebungen der formell-prozessualen Stellung 41

III. Dualismus von Konkursanspruchs- und Konkurrenzanspruchsinhabern: Konkursansprüche bestimmen Existenz und Umfang des Wiederaufnahmekonkurses — Konkurrenzansprüche gehen lediglich auf Wahrung der par condicio — besondere Stärke der Konkursansprüche; besondere Schwäche der Konkurrenzansprüche — Mischkonkurs 44

Vierter Teil: Das Erkenntnisverfahren insbesondere. 50

A. Das Erkenntnisverfahren im allgemeinen 50

Prozeßerkenntnis in erster Linie Frage der Streiterhebung, erst sekundär Erkenntnisfrage — Gliederung des Verfahrens in Streiterhebungs- und Streiterledigungsverfahren — materielle und formelle (Vergangenheits-, Zukunfts-) Präklusion des Erkenntnisstoffs — Gegenstandsergebnis — Verfahrensstadien: funktionelle Präklusion der Erkenntnistätigkeit

B. Das Konkurs-Erkenntnisverfahren 54

Vielheit von Individual-Erkenntnisverfahren — Generelle Konkursstreiterhebungs-Präklusion: gegenüber sämtlichen Titelgegnern, für sämtlichen bis zum Abschluß des Konkurs-Erkenntnisverfahrens begründeten Erkenntnisstoff — vorangegangene Spezialprozesse als Vorverfahren der Individual-Liquidationsprozesse — funktionelle Konkurspräklusion

C. Das Erkenntnisverfahren des Wiederaufnahmekonkurses.... 57

I. 1. Früher geprüfte Forderungen — 2. kein Übergreifen der funktionellen Konkurspräklusion — 3. kein Übergreifen der Zukunftswirkung der Konkurs-Erkenntnisstoffpräklusion — 4. Übergreifen der Vergangenheitswirkung der Konkurs-Erkenntnisstoffpräklusion — gegenüber allen Wiederaufnahmegläubigern — Geltendmachung — 5. konkursmäßiges Übergreifen einer Konkurs-Erkenntnisstoffpräklusion zu Lasten des Liquidanten — Übergreifen der Individual-Präklusionen — 6. Überwirken der Spezial-Prozeßlage der Zwischenzeit — Gesamtverlauf der Liquidationsprozesse 57

II. Zusammenfassung: einheitliches Gesamt-Erkenntnisverfahren — Hauptkonkurs-Erkenntnis nie abschließend — fakultatives Vor-Verfahren mit teilweiser Entlastung.. 73

Fünfter Teil: Die Masse. 77

A. Gegenständlicher Umfang der Wiederaufnahmekonkurs-Masse 77

B. Anfechtung 80

I. Anfechtung von Rechtshandlungen der Zwischenzeit: prinzipiell wie im Regelkonkurs — zwischenzeitliche Zahlungseinstellung als primäres Surrogat des Faktors Zahlungseinstellung — sekundär die Erst-Verurteilung — Zahlungseinstellung als Bewußtseinsinhalt — Eröffnungsantrag — Absichts- und Schenkungsanfechtung. 80

II. Anfechtung von Rechtshandlungen vor Hauptkonkursaufhebung: unabhängig von Anfechtungsrechten des Hauptkonkurses — nie besondere Konkursanfechtung — Absichts- und Schenkungsanfechtung gemäß § 13 Anf.-Ges. 86

III. Besonderheiten der Anfechtung im Wiederaufnahmekonkurs: Benachteiligungslage nicht ohne weiteres gegeben — treibende Kräfte nur die Konkursanspruchsinhaber — unanfechtbare Rechtshandlungen 90

C. Separationsrechte — Masseforderungen — Sicherheitsmaßregeln — Masse-Zulänglichkeit 92

Sechster Teil: Das formelle Verfahren. 96

I. „Das Verfahren" — Verfahrenswiederholung — beschränkte Verfahrenswiederholung — Verfahren als Aggregat von Verfahrensakten 96

II. „Soweit als nötig“: — Die verschiedenen Theorien.......... 98

A. Als Prozeß-Wiederholung: Bedürfnis im Wiederholungsverfahren — Vorgang im Hauptverfahren — Fähigkeit zum Überwirken — Geneigtheit zur Übernahme — Hilfsakte 99

B. Als Konkurs-Wiederholung: Vollstreckungsverfahren — im Konkurszustande — Generalexekutionsverfahren... 101

C. Als Konkurs-Wiederaufnahme: entsprechend den Verfahrensgrundlagen — der Verfahrensstellung — den Verfahrensgläubigern — der Verfahrensmasse — § 201 Abs. 2.. 103

Ergebnis 109

Literatur.

Materialien, die gesamten zur Konkursordnung usw., hersg. von Hahn. 1881.

Materialien zum Gesetz betr. Änderungen der Konkursordnung. 1898.

Endemann, Das deutsche Konkursverfahren. 1889.

Fitting, Das Reichskonkursrecht und Konkursverfahren. 3. Aufl. 1904.

Jaeger, Kommentar zur Konkursordnung. 3. und 4. Aufl. 1911/13.

Kohler, Lehrbuch des Konkursrechts. 1891.

— Leitfaden des deutschen Konkursrechts. 2. Aufl. 1903.

Oetker, Konkursrechtliche Grundbegriffe; Bd. I: Die Gläubiger. 1891.

— Konkursrechtliche Fragen (Festschrift der Rostocker Juristenfakultät für Windscheid). 1888.

Petersen-Kleinfeller, Konkursordnung für das Deutsche Reich. 4. Aufl. 1900.

v. *Sarwey-Bossert*, Die Konkursordnung für das Deutsche Reich. 4. Aufl. 1901.

Schultze, Das deutsche Konkursrecht in seinen juristischen Grundlagen. 1880.

Seuffert, Deutsches Konkursprozeßrecht. 1889.

Sydow-Busch, Kommentar zur Konkursordnung. 11. Aufl. 1911.

F. Wach, Der Zwangsvergleich. 1896.

Wengler, Die Konkursordnung für das Deutsche Reich. 1879.

v. *Wilmowski-Kurlbaum*, Deutsche Reichskonkursordnung. 6. Aufl. 1906.

Wach, Handbuch des deutschen Zivilprozeßrechts. I. Bd. 1885.

Stein, Die Zivilprozeßordnung für das Deutsche Reich. 10. Aufl. 1913.

v. *Kries*, Die Rechtsmittel des Zivilprozesses und des Strafprozesses nach den Bestimmungen der deutschen Reichsgesetze. 1880.

Frank, Das Strafgesetzbuch für das Deutsche Reich. 8. bis 10. Aufl. 2. Abdruck. 1912.

Olshausen-Zweigert, Kommentar zum Strafgesetzbuch für das Deutsche Reich. 9. Aufl. 1912.

Wach, Der Bankrutt und die verwandten Delikte (in „Vergleichende Darstellung des Deutschen und Ausländischen Strafrechts, Vorarbeiten zur deutschen Strafrechtsreform usw.“; Besonderer Teil, VIII. Band). 1906.

Der Wiederaufnahme-Konkurs als Ganzes gehört konstruktiv zwei Reihen an: materiell, nach seinen Grundlagen, steht er in Parallele zu den §§ 175 Ziff. 2 und 3, 186 Ziff. 2 KO. — formell, seiner Stellung im Prozesse gemäß, ergänzt er die §§ 195, 196, 197 KO.

Erster Teil.

Die materiellen Grundlagen.

Durch die materielle Reihe geht hindurch die Unverträglichkeit von Zwangsvergleich und betrüglichem Bankrutt.

I.

Der Zwangsvergleich bedeutet die Vergewaltigung der Vollstreckungsansprüche.

1. Er wirkt einmal die gewaltsame Aufhebung der Konkursansprüche. Die Konkursansprüche drängen ihrem Wesen nach auf konkursmäßige Befriedigung aus der Aktivmasse bis zu deren Erschöpfung. Der Zwangsvergleich, seinem Wesen nach geschlossen: „solange nicht die Vornahme der Schlußverteilung genehmigt ist" (KO § 173), beseitigt die Konkursansprüche vorzeitig, vor Abschluß der von ihrem Wesenszwecke geforderten Konkursbefriedigung.

Dies ist die vom konkreten Inhalte des Vergleichstatbestands vollkommen unabhängige Wesenswirkung jedes Zwangsvergleichs als solchen.

2. Der Zwangsvergleich wirkt weiter die gewaltsame Reduktion der Vollstreckbarkeit, damit aber der die künftige Spezialvollstreckung beherrschenden Spezialvollstreckungsansprüche: den vergleichsmäßigen Erlaß.

Kein Essentiale, wenn auch immerhin ein Naturale des Zwangsvergleichsinstituts, ist der Vergleichserlaß begründet und individuell ausgestaltet durch den konkreten Vergleichs-Tatbestands-Inhalt. Er tritt, genau wie die Vergleichsrechte, zur Wesenswirkung hinzu als unterstützende Hilfswirkung: Zwangsvergleichserlaß wie Zwangsvergleichsrechte sind bestrebt, mit der Vergleichswesenswirkung die dieser zunächst widersprechende tatsächliche Vermögenslage in Einklang zu bringen, zu der vorzeitigen Aufhebung der einst von der Konkurslage ausgelösten Konkursansprüche umgekehrt auch die Konkurslage zu beseitigen, die zur freien Betätigung der wiederentfesselten Spezialvollstreckungsansprüche notwendige Solvenz bez. Suffizienz herzustellen: beide bezielen die künstliche Beseitigung des Konkursgrundes. Beide wirken zusammen zur Ausgleichung der die Insuffizienz und auch — unter Berücksichtigung von Kredit und Liquidität — die Insolvenz ausmachenden Spannung zwischen Deckung suchender Passivmasse und Deckung gewährender Aktivmasse: die Vergleichsgarantien durch Steigerung der Deckungskräfte der Aktivmasse in der Richtung des Deckungsbedarfes der Passivmasse, der Vergleichserlaß durch Reduktion des Deckungsbedarfes der Passivmasse in der Richtung der Deckungskräfte der Aktivmasse.

Das Maß des Zwangsvergleichserlasses bestimmt sich somit in erster Linie nach dem Verhältnisse der Konkursmassen; er enthält eine Perpetuierung des voraussichtlichen individuellen Konkurs-Ausfalls. Das Entgegenkommen der Vergleichsgarantien, die größere Ergiebigkeit der Spezialexekution gegenüber der Generalexekution, die Aussicht auf Vermögenszuwachs bedingen nur sekundäre Abstriche.

3. Die Aufhebung der Konkursansprüche und die Reduktion der Spezialvollstreckungsansprüche ist eine gewaltsame, weil sie erfolgt ohne Rücksicht auf den Willen des Einzelnen, kraft Majoritätsbeschlusses der Gesamtheit. Das Majoritätsprinzip mag in Fragen der Prozeßführung innerhalb des eröffneten Konkursprozesses die Regel sein (KO § 94, Abs. 2): für die Gestaltung der Grundlagen des

Konkurses und gar der jenseits liegenden Spezialexekution ist es eine ungewöhnliche Ausnahmeerscheinung.

4. Unumschränkte Wirksamkeit kommt zu dem auf dem Individualwillen ruhenden Gantverzicht und einem individuellen Forderungen-Nachlaß. Die Wirksamkeit der auf dem Majoritätswillen ruhenden Zwangsvergleichs-Vergewaltigungen ist keine unbedingte.[1]

Unbeugsam stehen jedem Zwangsvergleich als solchem gegenüber die Bevorrechtigten (arg. § 173 KO). Auch die Nichtbevorrechtigten fügen sich dem Zwangsvergleiche nie ohne weiteres, sondern erst nach richterlicher Bestätigung der materiellen Vergleichsnatur dieses konkreten Zwangsvergleiches, der Ausgleichung der Vergewaltigungsschäden durch entsprechende Vergleichsvorteile für die Gläubiger.

Ausnahmsweise widerstehe nauch die Vollstreckungsansprüche der Nichtbevorrechtigten jedem Zwangsvergleiche als solchem von vornherein: bei Begegnung mit dem betrüglichen Bankrutt. Ihre Konkursansprüche zeigen in diesem Falle eine *ungewöhnliche Kraft, eine Hartnäckigkeit in der Verfolgung ihres Wesenszweckes,* die sie insoweit den Bevorrechtigten gleichstellt.

II.

1. Dem betrüglichen Bankrutt wesentlich ist die betrügliche Absicht, die Absicht der Gläubigerbenachteiligung.

Sie ist es, die durch die Bankrutthandlungen die Vollstreckungslage bearbeitet, sie in die Bankruttlage versetzt. Sie verdunkelt den wahren Vollstreckungsstand[2] — den wahren Umfang der Vollstreckungsmasse, der Vollstreckungsverpflichtungen —; statt seiner bietet sie einen ungünstigeren Schein-Vermögensstand — eine geringere tatsächliche Vermögensmasse, bedroht überdies von fingierten Vollstreckungsverpflichtungen — dem Vollstreckungsbetrieb dar.

Ihr Ziel ist die Irreleitung des Vollstreckungsbetriebes, seine Bannung in die von ihr vorgespiegelten Vollstreckungsschranken. Durch diese Irreleitung erstrebt sie die Vollstreckungsbenachteili-

[1] Motive, S. 400, 409.

[2] So *Frank,* § 239 KO, Anm. III.

gung. Diese Benachteiligung soll die Gläubiger im ganzen,[3] ohne Rücksicht auf die Zufälligkeiten des konkreten einzelnen Vollstreckungsbetriebes treffen, also in tatsächlicher Vollstreckungsunzulänglichkeit beruhen. Wie auch einerseits aus der Gesetzeskonkurrenz des § 239, Ziff. 1 KO mit § 288 StGB, anderseits aus der Unerheblichkeit der Handelsbücher für den Spezialvollstrekkungsbetrieb (arg. e. c. ZPO §§ 422 ff., HGB § 45) hervorgeht, rechnet die Bankruttabsicht mit einer tatsächlichen materiellen Konkurslage.[4] Spezifisch den Vollstreckungsbetrieb in der materiellen Konkurslage strebt sie zu verkürzen.[5]

2. Für den organisierten Vollstreckungsbetrieb in der Konkurslage, für den Konkursprozeß, insbesondere bewirkt die Betätigung der Bankruttabsicht in den Bankrutthandlungen eine Verschleierung des wahren Massenverhältnisses, die Vortäuschung einer hinter der wahren Soll-Aktivmasse zurückbleibenden Ist-Aktivmasse bez. einer die wahre Soll-Passivmasse übersteigenden Ist-Passivmasse. Damit aber erschüttert die sich betätigende Bankruttabsicht zugleich die Grundlagen für die Bemessung des Zwangsvergleichserlasses: ob in Wahrheit ein zu beseitigender Konkursgrund besteht, welche Dimensionen er hat, das entzieht sich sicherer Erkenntnis. Die von der Bankruttabsicht geschaffene Bankruttlage der Massen begründet die Gefahr eines unnötigen oder ungerechtfertigt hohen Erlasses. — Diese Gefahr wird auch nicht behoben mit der Erkenntnis einer Bankrutthandlung; ist damit doch nur eine einzelne Betätigung der Bankruttabsicht erkannt, während diese in weiteren noch unentdeckten Bankrutthandlungen die Massen bearbeitet haben kann.

Das Benachteiligungsziel der Bankruttabsicht ist im Konkursprozesse ein den nach dem wahren Massenverhältnisse unvermeidlichen Soll-Ausfall übersteigender Ist-Ausfall. Mit dem Schein-Massenstand sucht sie den Gläubigern dessen Unvermeidlichkeit vorzuspiegeln, damit sie selbst ihren Konkursbetrieb auf diesen einstellen. Dieser erwartete Ist-Ausfall aber ist es auch, der im Zwangs-

[3] So auch: Reichsgericht, Entscheid. in Strafs. 39, 196. — *Frank*, § 239 KO, Anm. IV. — *Olshausen-Zweigert*, § 239 KO, Anm. 34.

[4] Vgl. *Wach*, Vergleichende Darstellung usw., Besonderer Teil Bd. VIII, S. 72, 69.

[5] Vgl. *Olshausen-Zweigert*, § 239 KO. Anm. 33.

vergleichserlasse, dessen Grund und Maß in erster Linie bestimmend, perpetuiert wird.

Der Akkordvorschlag, den der Schuldner diesem Ist-Erlaß zugrunde legt, steht sonach im unmittelbaren Dienste der Bankruttabsicht. Mit der Bewilligung eines diesem Ist-Ausfalle entsprechenden Vergleichserlasses würden die Gläubiger durch ihre eigene Handlung, unbewußt sich selbst schädigend, die von der Bankruttabsicht erstrebte Benachteiligung zur vollen Verwirklichung bringen.

Die durch die Bankrutthandlungen geschaffene Bankruttlage der Konkursmassen bedeutet zugleich objektive Unsicherheit der generellen[6] Grundlagen des Zwangsvergleichserlasses. In der Bankruttlage würde die Bewilligung des Zwangsvergleichserlasses eine ungewollte Verwirklichung der Bankruttabsicht enthalten.

3. Mangels Wirksamkeit des Vergleichserlasses, dieser Hilfswirkung des Zwangsvergleichs, überdauert den Zwangsvergleich die materielle Konkurslage; über die Inkraftsetzung des Zwangsvergleichs hinaus bestehen sonach die Voraussetzungen für die Verwirklichung der von der Bankruttabsicht erstrebten Konkursbenachteiligung.

Aber selbst nach einem etwaigen späteren Wegfall der materiellen Konkurslage kann immer noch ein Benachteiligungseffekt von den Bankrutthandlungen ausgehen. Die Bankruttlage bedeutet, auch bei wiedereingetretener Solvenz bez. Suffizienz, eine Beeinträchtigung, zum mindesten Erschwerung, Gefährdung des Vollstreckungsbetriebes. Die Bankruttlage bedeutet Vollstreckungsanarchie schlechthin.

Die wirksamste Schutzwehr gegen den Eintritt der Benachteiligungseffekte der Bankrutthandlungen ist die Konkursverfahrensorganisation. Bei der planmäßigen Sammlung der Teilungsmasse (KO § 117) werden noch am ehesten verborgene Pfandstücke aufgespürt, Anfechtungschancen erkannt und energisch ausgenutzt. Die Konkursprüfung, der die Scheingläubiger vor Zulassung zur Konkursbefriedigung sich zu unterziehen haben, gibt den wahren Gläubigern Gelegenheit, jenen Bankruttgebilden noch rechtzeitig die Maske herunterzureißen.

---

[6] Motive, S. 408.

Mit Konkursverfahrensaufhebung dagegen verlieren die Gläubiger jeden Überblick über die Vermögensgesamtheit, dem Einzelgläubiger ist es nicht mehr möglich, die Vollständigkeit der dem Zugriff zugänglichen Vollstreckungsmasse zu prüfen; der Schuldner bleibt, wenn er nur die Bankruttabsicht, auch bei etwa aufgedrängter Manifestation, konsequent bewahrt, im ungestörten Genusse der gesicherten Vermögensstücke. Und die bloße Willenserklärung desselben Schuldners, der die erdichteten Gläubigerrechte einst schuf, genügt jetzt, um Pfandstücke bei diesen — auf dem Wege der Schein-Spezialexekution —, sicher vor dem Zugriffe der wahren Gläubiger, festzulegen.

Mit dem Verzichte auf die Konkursansprüche, begeben sich sonach die Gläubiger ihrer wichtigsten Waffe gegen die Verwirklichung der von der Bankruttabsicht ausgelösten Benachteiligungswirkungen; unbewußt durch eigene Handlung sich selbst gefährdend, ebnen sie der künftigen direkten oder indirekten Verwirklichung der Bankruttbenachteiligungsabsicht und ihren Weiterwirkungen direkt die Wege.

Sowohl die konkrete Erlaßbewilligung wie die generelle Aufhebung der Konkursansprüche — beide Zwangsvergleichs-Gewaltwirkungen — *stehen sonach in einer von der Bankruttabsicht bearbeiteten Konkurslage im Dienste der Bankruttabsicht;* beide enthalten bezbefördern, den Gläubigern unbewußt, die Verwirklichung der Bankruttabsicht. In dieser den Vergleichseinräumungen von vornherein anhaftenden Deliktskausalität ist insbesondere ihre von vornherein bestehende Unwirksamkeit begründet; weil sie mit ihrem Inkrafttreten die Bankruttabsicht verwirklichen bez. ihrer Verwirklichung Vorschub leisten würden, soll der Erlaß an Spezialvollstreckungsansprüchen bez. der Verzicht auf die Konkursansprüche für die Gläubiger unverbindlich sein. Insbesondere sollen sie nicht das einmal erworbene Recht konkursmäßiger Verwertung der Restmasse verscherzt haben.

Die Bankruttlage der Konkursmassen ist es sonach, *aus der die Konkursansprüche ihre ungewöhnliche, jedem Zwangsvergleiche trotzende Kraft schöpfen.*

III.

1. Die Motive begründen die §§ 175 Ziff. 2, 3, 186 Ziff. 2 pp. KO in erster Linie mit der Vertrauensunwürdigkeit des Gemeinschuldners; „die Verurteilung des Gemeinschuldners wegen betrüglichen Bankrutts läßt denselben jedes Vertrauens unwürdig erscheinen, kein Gläubiger darf genötigt werden, sich mit ihm fernerhin einzulassen“ (Motive S. 409, ähnlich schon S. 400, 408). Daneben taucht das die Bestrafung erheischende öffentliche Interesse auf: „im Interesse der Sittlichkeit und des öffentlichen Kredits muß gegen ihn die ganze Strenge des Gesetzes in Anwendung kommen; diesen höheren Rücksichten gegenüber würde selbst der Umstand, daß der Akkord für die Gläubiger vorteilhaft sein könnte, die Zulassung desselben nicht rechtfertigen“ (Motive S. 409). Subjektiv, in der Person des Schuldners, in seiner vergangenen schuldhaften Verletzung der Rechtsordnung bez. in seinen für die Zukunft gefährdenden Charaktereigenschaften, finden sonach die Motive und ihre Anhänger[7] die Quelle der Vergleichsunzulässigkeit.

Der Strafgesichtspunkt steht in Widerspruch zur Vergleichsnatur des Zwangsvergleichs: interessiert am Zustandekommen des Vergleichs sind neben dem Schuldner in gleicher Weise die Gläubiger, die Versagung des Vergleichs bloß zur Strafe für den Schuldner würde die gleichen Strafnachteile auch den Gläubigern gegenüber auslösen. Es wäre das der einzige Fall im Zwangsvergleichsrechte, wo ein anderes als das ausschließliche Interesse der Gläubiger maßgebend wäre.[8]

Der Vertrauensunwürdigkeit aber fehlt es an jeder spezifischen inneren Beziehung gerade zum betrüglichen Bankrutt; Vertrauensunwürdigkeit für die wiedereröffnete Spezialexekution würde doch in viel höherem Maße eine Verurteilung aus § 288

---

[7] So auch: (Vertrauensunwürdigkeit) *Endemann*, S. 590, 591. — *Petersen-Kleinfeller*, § 175, Anm. 1. — *v. Sarwey-Bossert*, § 175. — *F. Wach*, S. 23. — *Wengler*, § 162 a. F.

(Öffentliches Interesse) *v. Sarwey-Bossert*, § 175. — *v. Wilmowski*, § 175. — *F. Wach*, S. 24.

[8] So auch: *Jaeger*, § 175, Anm. 2. — *Kohler*, Leitfaden, S. 278; Lehrbuch, S. 475. — *v. Sarwey-Bossert*, Vorbemerkung zum 6. Titel.

StGB, in gleichem Maße aber schon jedes einfache Betrugsdelikt begründen. Die Auswahl gerade des betrüglichen Bankrutts vermag die subjektive Theorie nicht zu erklären.[9]

2. a. Der Eigenart des betrüglichen Bankrutts wird die allein *objektive Theorie* gerecht. Sie fußt ja gerade auf dem Tatbestandszusammenhang zwischen Bankruttdelikt und Konkurszustand. Unzulässigkeitsgrund ist für sie die durch die Betätigung der Bankruttabsicht geschaffene Bankruttlage der Konkursmassen;[10] unwirksam ist für sie der Zwangsvergleich, weil er zufolge der Bankruttlage von vornherein unbewußt der Verwirklichung der letzten Ziele der Bankruttabsicht dienen würde.

b. Und auf der anderen Seite vermag ausschließlich die objektive Theorie den Bankruttmakel in das System der Zwangsvergleichsmängel zwanglos einzufügen. Nirgends genügt schon das rein subjektive Verhalten des Schuldners für sich allein, durchgehends ist es vielmehr die, entweder in Mängeln des Zwangsvergleichs-Zustandekommens oder aber im objektiven Zustande des Vermögens begründete objektive Gefährdung des gemeinsamen Interesses der Gläubiger, die die Zurückweisung, Verwerfung oder Unwirksamkeit des Zwangsvergleiches rechtfertigt.

Insbesondere ist es dieselbe Unsicherheit der Vermögenslage, die einmal dem Nachbarfalle der Generalunzulässigkeit des Zwangsvergleichs, der Ziff. 1 des § 175 KO, zugrunde liegt: die Gläubigerschaft verlangt vom Gemeinschuldner die Beeidung des von ihr aufgestellten Inventars, weil dieses ihr selbst als zu unsichere Ermittlung des Soll-Massenstandes erscheint; mit der Verweigerung des Eides gibt der Gemeinschuldner die Unvollständigkeit des aufgestellten Inventars zu erkennen; ohne genaue Kenntnis des Vermögensstandes aber ist ein Zwangsvergleich nicht zu riskieren! Nur in diesem Sinne läßt sich auch der dilatorische Unzulässigkeitsgrund der Flucht erklären.[11]

---

[9] So: *v. Sarwey-Bossert,* § 175.

[10] So auch: *Jaeger,* § 175, Anm. 2. — *Kohler,* Lehrbuch, S. 474; Leidfaden, S. 278. — *v. Sarwey-Bossert,* § 175, Anm. 1. — *Schultze* S. 129. — *v. Wilmowski,* § 175 Anm. 1. — Auch die Motive gelegentlich, so S. 398, 400.

[11] So: *Seuffert,* S. 416.

Unwirksam anderseits ist neben dem die Bankruttabsicht verwirklichenden der den Betrugsvorsatz vollendende Zwangsvergleich (§ 196 KO).

3. a. Allein die objektive Theorie ermöglicht endlich die — von der Verkehrssicherheit unbedingt verlangte — exakte Abgrenzung der dem Zwangsvergleiche im Wege stehenden Bankruttdelikte. Ein und dieselbe Person kann wiederholt in Konkurs verfallen, sei es als Subjekt verschiedener Vermögen, sei es erneut für ein und dasselbe Vermögen. Jede neue Konkurslage ist auch ein neues Betätigungsfeld für Bankrutthandlungen. Unzulässigkeit des Zwangsvergleiches in einem bestimmten Konkurse begründen indessen allein diejenigen Bankrutte, die gegen die von diesem Konkurse befangene Vermögenslage gerichtet sind;[12] nur *sie* haben die Konkursmassen in die Bankruttlage versetzt, damit die Zwangsvergleichsgrundlagen erschüttert. Wenn die KO vom betrüglichen Bankrutt schlechtweg ohne Beschränkung auf den zu diesem Konkurse zugehörigen Bankrutt spricht, so ist das noch kein Beweis, daß diese Beschränkung gegen ihren Willen sei.[13] Die Konkurrenz mehrerer Konkurslagen ist ja immerhin eine Ausnahmeerscheinung; das Gesetz hat jedenfalls überhaupt nur an den Normalfall der Konkurseinzahl gedacht; sein Schweigen bildet keine Schranke für die Auslegung!

Unerheblich ist danach insbesondere der Privatbankrutt des Gesellschafters für den Gesellschaftskonkurs wie umgekehrt der Gesellschaftsbankrutt dieses Gesellschafters für seinen Privatkonkurs; unerheblich ist auch die Beihilfe oder Anstiftung des Gemeinschuldners zum fremden Bankrutt.

Kriminalistisch betrachtet, ist es sonach nur ein bestimmtes Bankruttdelikt, das die Unzulässigkeit des Zwangsvergleichs begründet: nur dasjenige, das die diesem Konkursprozesse zugrunde-

[12] So auch: *Endemann*, S. 591. — *Fitting*, S. 427, 449/450. — *Jaeger*, § 175, Anm. 8, § 197, Anm. 1. — *Kohler*, Lehrbuch, S. 475; Leitfaden, S. 478/479. — *Petersen-Kleinfeller*, § 162 a. F. Anm. 3 u. 4. — *v. Sarwey-Bossert*, § 175 Anm. 3, § 197 Anm. 1, § 200 Anm. 2. — *Seuffert*, S. 416, 447/448. — *Oetker*, Grundbegriffe, S. 193; Fragen, S. 82. — Abw. *Roeder*, S. 22. — *F. Wach*, S. 23f. — *v. Wilmowski*, § 175 Anm. 3 u. 4.

[13] Anders *F. Wach*, S. 24.

liegende Zahlungseinstellung oder Konkurseröffnung als Tatbestandselement bez. Strafbarkeitsbedingung enthält.

b. Der Bankrutt als Unwirksamkeitsgrund gemäß §§ 197ff. KO ist derselbe wie der Unzulässigkeitsgrund der §§ 175, 186 KO. Das ergibt sich schon sprachlich aus der kurzen, nur andeutenden, auf den § 175 KO zurückverweisenden Bezeichnung in § 197 KO. Unwirksamkeit soll danach der Bankrutt nur in dem Maße begründen, in dem dies von der die Unzulässigkeit gemäß § 175 KO begründenden Ratio verlangt wird. Unwirksamkeitsgrund ist nur der Bankrutt, der durch die von ihm ausgelöste Bankruttlage bereits für die Bemessung des Zwangsvergleichserlasses maßgebend geworden ist, dem dieser Zwangsvergleich mit seinem Inkrafttreten Vorschub geleistet hat.

Hieraus ergibt sich zunächst wieder auch für die Zwangsvergleichsunwirksamkeit die Beschränkung auf den mit diesem Konkursprozeß in Tatbestandszusammenhang stehenden, auf dessen Zahlungseinstellung bez. Konkurseröffnung fußenden Bankrutt. Aber auch dieser kommt nur dann in Frage, wenn er bereits vor Abschluß des Zwangsvergleichstatbestandes vollendet vorgelegen hat; nur dann kann er ja im Zwangsvergleichserlaß fortwirken![14] Die praktische Bedeutung dieser letzten Einschränkung dürfte allerdings gering sein, da mit der dem Zwangsvergleichsabschlusse folgenden Konkursprozeßaufhebung die Fortwirkung des Faktors Konkurseröffnung und durch die gleichzeitige Inkraftsetzung des Zwangsvergleiches die Fortdauer des Faktors Zahlungseinstellung — selbst wenn mangels Wirksamkeit des Vergleichserlasses die Zahlungsunfähigkeit fortdauern sollte — abgerissen wird, in der kurzen Zwischenzeit bis zur Konkursaufhebung aber eigentlich jedes Bankruttinteresse für die Begehung von Bankrutthandlungen fehlt. Faktisch dürfte danach der mit dem Konkursprozeß in Zusammenhang stehende Bankrutt so gut wie stets auch als Unwirksamkeitsgrund in Frage kommen.

Keinen Unwirksamkeitsgrund bildet aber jedenfalls der nach Konkursprozeßaufhebung zur Vollendung gekommene, auf eine erneute Zahlungseinstellung der Zwischenzeit — wie § 199 KO sie erwähnt — gegründete Bankrutt.

---

[14] So auch: *Kohler*, Lehrb. S. 500. — *v. Sarwey-Bossert*, § 197 Anm. 1.

Die Unwirksamkeit ist sonach auch in specie stets nur die Fortwirkung von vornherein bestehender Unzulässigkeit. *In jedem Falle der Reihe KO §§ 175, 186 haben die Konkursansprüche vor jeder Berührung mit dem Zwangsvergleich den Bankrutttatbestand betroffen und aus ihm die jedem Zwangsvergleiche trotzende Bankruttkraft geschöpft.*

IV.

1. In allen Fällen des betrüglichen Bankrutts ist sonach der Zwangsvergleich von vornherein unzulässig.

Nicht in allen Fällen ist indessen diese Unzulässigkeit für die Konkursgestaltung bereits von vornherein relevant. Der Konkurs ist Prozeß, auf Erkenntnis aufgebautes Willensverfahren, relevant für den Prozeß sind nur erkannte Umstände. Die Erkenntnis kann Inzidentpunkt des Prozesses selbst sein; die Bankrutterkenntnis erfolgt in eigenem Strafprozeß.

2. Der Bankruttstrafprozeß ist vollkommen unabhängig vom Konkursprozeß in Beginn, Verlauf und Ende. Die Bankrutterkenntnis kann danach in jedem beliebigen Stadium des Konkursprozesses eintreten.

a) Tritt die Bankrutterkenntnis ein vor Inkrafttreten eines Zwangsvergleiches, so kommt sie noch rechtzeitig: mit der Bankruttstärke der Konkursansprüche unvereinbare Eingriffe sind noch nicht erfolgt. Schlimmstenfalls ist bereits ein Zwangsvergleichsverfahren eingeleitet, das nun — ein toter Ast des Prozesses — einfach abzubrechen ist: ein eingereichter Vorschlag ist als unzulässig gemäß § 175 Ziff. 3 KO zurückzuweisen, ein etwa bereits angenommener gemäß § 186 Ziff. 2 KO — gegebenenfalls noch in der Beschwerdeinstanz — zu verwerfen; ein rechtskräftig bestätigter Vergleich endlich erscheint von nun an nicht mehr als wirksamer Konkursaufhebungsgrund, ist nicht in Kraft zu setzen. In allen Fällen läßt die Bankrutterkenntnis sonach den bisherigen Prozeßgang unberührt, gebietet sie lediglich die Vermeidung widersprechender Akte für die Zukunft.

b) Mit der Inkraftsetzung des Zwangsvergleichs hat der Konkursprozeß einen mit der Bankruttkraft unverträglichen Bestandteil erhalten. Sein Dasein ist demgemäß ein rein formell-prozessuales;

materiell-prozessual ist er von vornherein unzulässig und wirkungslos. Seine materiellen Wirkungen sind nur scheinbar — für den damaligen Prozeßerkenntnisstand — eingetreten, tatsächlich hat kein Erlaß die Forderungen gemindert, ungeschwächt überdauern die Konkursansprüche den Zwangsvergleich. Die Bankrutterkenntnis bedeutet insoweit lediglich die Zerstörung eines Daseins-Scheines. (§ 197 KO). Nur die Konkursprozeßaufhebung, die Verschließung der formell-prozessualen Betätigungsmöglichkeit für die Konkursansprüche, deren Wesenheit rein in der bloßen Erkenntnissphäre liegt, — diese ist tatsächlich eingetreten. Insoweit erheischt die Bankrutterkenntnis Remedur, Verbesserung des bisherigen Prozeßganges durch Wiedereröffnung der Betätigungsmöglichkeit (KO §§ 198ff).

3. Erkenntnis ist kein Augenblicksakt, vielmehr eine sukzessive Entwicklung von einer ersten unbestimmten Ahnung bis zur vollen Klarheit.

a) Schon die bloße Tatsache der Anhängigkeit eines Bankruttverfahrens, insbesondere nach dessen Übernahme durch das Gericht, begründet — rein formell-prozessual bereits — die Möglichkeit künftiger Bankruttverurteilung, läßt allerdings — formell-prozessual — die gleiche Wahrscheinlichkeit für einen schließlichen Freispruch. Wäre es danach auch übereilt, auf die im Laufe des Verfahrens auftauchenden Verdachtsmomente hin reformatorisch in das bisherige Verfahren einzugreifen, so mahnt doch bereits die Verfahrensanhängigkeit für die weitere Verfahrensgestaltung zum Abwarten mit solchen Verfahrensakten, die bei Bankruttverurteilung, als unzulässig sich herausstellend, rückgängig zu machen wären.

b) Unter den Unzulässigkeits- bez. Verwerfungsgründen des bevorstehenden Zwangsvergleichs steht demgemäß in den §§ 175, 186 KO ebenbürtig neben der rechtskräftigen Bankruttverurteilung die gerichtliche Anhängigkeit eines Bankruttverfahrens — ihrer vergänglichen Natur entsprechend nur als dilatorisches Moment.

Die reformatorische Umstoßung des in Kraft gesetzten Zwangsvergleichs vermag allerdings erst die definitive Gewißheit zu rechtfertigen: erst die rechtskräftige Verurteilung ist Wiederaufnahmegrund. Immerhin sind die Erkenntnis-Vorstadien verwertbar für retardierende Hilfsaktionen, für Maßnahmen zur Sicherung der Grundlagen eines eventuellen künftigen Wiederaufnahmekonkurses: die künftige Konkursmasse wird gesichert mit dinglicher Kraft gegen den Eintritt von Schmälerungen durch die Sicherheitsmaßregeln des § 197 Abs. 2 KO[15] — „schon vor der rechtskräftigen Verurteilung" —; und gleichwohl eingetretenen Schmälerungen gegenüber eröffnet sich ein obligatorisches Schwächungsmittel in der bereits mit der Erst-Verurteilung einsetzenden Anfechtbarkeit des § 199 KO.

V.

1. Der Wiederaufnahmekonkurs ist nach alledem nur eine Spezialform der formell-prozessualen Durchsetzung eines allgemeinen Prinzips. Seine Existenz verdankt er dem Dualismus zwischen materieller Prozeßgrundlage und formell-prozessualer Erkenntnis, den Schranken der Erkenntnis des dekretierenden Richters.

Nach dem allgemeinen Prinzip — kein Zwangsvergleich im bankruttverseuchten Konkurs — haftet der Makel dem Zwangsvergleiche von vornherein an; materiell ist er nie in Wirksamkeit getreten. *Die Konkursansprüche des Hauptkonkurses, vor Vergleichs-Inkrafttreten mit Bankruttstärke ausgestattet, überdauern den Zwangsvergleich und werden die treibenden Kräfte des Wiederaufnahmekonkurses.*[16]

2. Einheit der Konkursansprüche aber bedeutet Einheit des Verfahrenszwecks. Auch der Wiederaufnahmekonkurs dient letzten Endes mittelbar dem Zwecke des Hauptkonkurses; sein unmittelbarer Zweck — der Wiederaufnahmezweck — ist nur ein jenem untergeordneter Hilfszweck.

3. Aus der Kontinuität des Verfahrenszweckes aber folgt die Kontinuität der Verfahrensgrundlagen. Insbesondere hält durch der Konkursgrund: Konkursgrund des Wiederaufnahmekonkurses ist der Konkursgrund des Hauptkonkurses.

---

[15] So: *Oetker*, Grundbegriffe, S. 199.

[16] Abw.: *Oetker*, Fragen, S. 81/82 (Wiederaufnahmeansprüche = rechtliche Macht, zur Wiederaufnahme zu verpflichten). — *Roeder*, S. 60 (durch das rechtskräftige Bankrutturteil ausgelöste Aufnahmeansprüche).

Nicht setzt die Wiederaufnahme eine gegenwärtige Konkurslage voraus. „Im Falle der rechtskräftigen (Bankrutt-)Verurteilung“ — schlechthin ohne weiteren Zusatz — gestattet der § 198 KO die Wiederaufnahme — wo Erlaßaufhebung gemäß § 197, da auch Verfahrenswiederaufnahme gemäß § 198 KO. Setzte wirklich die Wiederaufnahme eine gegenwärtige Konkurslage voraus, so würde diese für sich allein ja schon jederzeit zur Eröffnung der Konkursanhängigkeit genügen; neben dieser bedürfte es gar keines besonderen Wiederaufnahmegrundes, das Gesetz hätte sich damit begnügen können, für die Bankruttfälle im eröffneten Neukonkurs den ehemaligen Hauptkonkursgläubigern eine privilegierte Stellung einzuräumen. Unverständlich, weil völlig selbstverständlich, wäre dann auch die ausdrückliche Zulassung der neuen Gläubiger in § 200 Abs. 2 KO. Die Fortdauer des Hauptkonkursgrundes insbesondere hat sich erledigt mit dem Untergange der Selbständigkeit der Hauptkonkursmassen. Die Abstellung der Konkursprozeßeröffnung auf den Konkursgrund würde überdies gerade in der Bankruttlage eine ungewöhnliche Erschwerung bedeuten: mit der Verwischung des wahren Massenstandes ist auch das wahre Massenverhältnis sicherer Erkenntnis entzogen.

Die Wiederaufnahme erfolgt sonach ohne Rücksicht auf gegenwärtig vorliegenden Konkursgrund.[17] Grundlage des Wiederaufnahmekonkurses ist der Hauptkonkursgrund — aber nicht als fortdauernder, sondern lediglich als fortwirkender — fortwirkend zufolge des Bankruttes als Fortwirkungsgrundes, fortwirkend in den Hauptkonkursansprüchen.

4. Voraussetzung der Wiederaufnahme, zugleich Gegenstand der Prüfung des Wiederaufnahmeverfahrens i. e. S. — „Verfahrens vor Wiederaufnahme“ im Gegensatz zum „wiederaufgenommenen Verfahren“ (so die Eingangsworte des § 200 KO) —, sind durchweg

[17] So auch: Motive, S. 428. — *Endemann*, S. 610. — *Fitting*, S. 451. — *Jaeger*, § 198 Anm. 1. — *Oetker*, Fragen, S. 77. — *Petersen-Kleinfeller*, §§ 184ff., Anm. 1. — *Roeder*, S. 19/20, 24, 60/61. — *v. Sarwey-Bossert*, § 198 Anm. 1 („die fortdauernde Zahlungsunfähigkeit wird nicht untersucht“). — *Seuffert*, S. 450. — *F. Wach*, S. 65 („wird präsumiert“). — *v. Wilmowski*, § 198 Anm. 1.

Erkenntnisprodukte vorangegangener Prozesse, Tatumstände, die bereits anderweit zur Feststellung gelangt sind.[18]

a) Das Bestehen des Konkursgrundes zur Zeit der Hauptkonkurseröffnung ist bejaht durch den Eröffnungsbeschluß des Hauptkonkurses. Die herrschende Lehre wird auch für das Wiederaufnahmeverfahren dem Eröffnungsbeschluß maßgebende, jeder Nachprüfung unzugängliche Kraft beimessen; wer dagegen[19] für den Fall nachträglicher Erkenntnis der „Grundlosigkeit des Konkurses“ die jederzeitige, sofortige Beendigung des Verfahrens vorsieht, wird um so mehr die Wiederaufnahme des bereits geschlossenen Verfahrens für diesen Fall versagen.

b) Die Bankruttstärke der Konkursansprüche, ihr Fortbestand über den Zwangsvergleich hinaus, wird festgestellt im Bankruttdeliktsverfahren, im Strafprozeß.

α) Dieser Strafprozeß ist exklusiv: er hat das Erkenntnismonopol; es gibt kein rein objektives Erkenntnisverfahren speziell für die Zwecke der Konkurswiederaufnahme; Wiederaufnahme setzt stets die Strafverurteilung voraus, sie ist demgemäß an alle spezifischen Voraussetzungen der Bestrafung, insbesondere Überleben des Rechtskrafteintrittes seitens des Bankrutteurs, gebunden.[20] So erscheint — vom kriminalistischen Standpunkte aus — die Konkurswiederaufnahme ihrem Grunde nach als kraft Konkursgesetzes, auf Antrag eines Verletzten eintretende strafweise Verwirkungsfolge. Einmal begründet, unterliegt sie allerdings nicht den Schranken des Strafvollzuges (Begnadigung[21], Verjährung), ist sie insbesondere noch nach Versterben des alten Gemeinschuldners, seinem Erben gegenüber, vollziehbar.

β) Der Strafprozeß wirkt universelle, für das gesamte Rechtsleben verbindliche, Feststellung. Eine Nachprüfung der Bankrutt-

---

[18] So auch: *Jaeger*, § 198 Anm. 4. — *Oetker*, Grundbegriffe, S. 195; Fragen, S. 79.

[19] Vgl. *Wach* in Leipziger Zeitschrift, 1909, S. 592ff.

[20] So auch: *Jaeger*, § 197 Anm. 1. — *Oetker*, Grundbegriffe, S. 198; Fragen, S. 74. — *Roeder*, S. 23.

[21] So auch: *Endemann*, S. 591. — *Fitting*, S. 427 Anm. 10. — *Jaeger*, § 175 Anm. 8; § 197 Anm. 1. — *Kohler*, Lehrbuch, S. 500. — *Oetker*, Fragen, S. 82/83. — *Roeder*, S. 23. — *v. Sarwey-Bossert*, § 175 Anm. 1. — *v. Wilmowski*, § 175 Anm. 4.

stärke im Wiederaufnahmeverfahren ist verschlossen. Vom Standpunkte des Konkursprozesses aus stellt sich danach der Bankruttstrafprozeß dar als losgelöstes Vorverfahren des Wiederaufnahmeverfahrens, das Bankrutturteil steht dem Wiederaufnahmebeschluß als bindendes Prozeßinterlokut gegenüber.[22]

γ) Der Strafprozeß liefert bereits die volle Feststellung. Der Konkursrichter hat lediglich die bereits geschöpfte Bankrutterkenntnis bei seinen Prozeßleitungsentschließungen zu beachten, er kann sie übersehen: keineswegs aber liegt hierin eine weitere abermals Rechtskraft wirkende Erkenntnistätigkeit hinsichtlich des Bankrutturteils. Der Konkursrichter, der den Zwangsvergleich bestätigt, den Konkursprozeß aufhebt, obwohl ein Bankrutturteil bereits vorliegt, verneint damit nicht etwa mit Rechtskraftswirkung das Vorliegen dieses Bankrutturteiles. Auch auf ein bereits vor Konkursprozeßaufhebung in Rechtskraft erwachsenes, damals übersehenes Bankrutturteil kann eine spätere Wiederaufnahme gegründet werden.[23]

Und auf der anderen Seite enthält der Wiederaufnahmebeschluß keine rechtskraftfähige Feststellung der Bankruttstärke. Wird zufolge Wiederaufnahme des Strafverfahrens die Bankruttverurteilung wieder aufgehoben, so entfällt damit ohne weiteres auch der Wiederaufnahmegrund, und ist das wiederaufgenommene Konkursverfahren wieder aufzuheben.[24]

Ein bei Prüfung des Konkurswiederaufnahmeantrages bereits schwebendes oder während des wiederaufgenommenen Konkursverfahrens eingeleitetes Bankruttwiederaufnahmeverfahren wird das Konkursgericht durch „Aufschub bez. Unterbrechung der Vollstreckung“ analog § 400, Abs. 2, StPO, Aussetzung des Wiederaufnahmebeschlusses bez. des wiederaufgenommenen Verfahrens, berücksichtigen können.

---

[22] So auch: *Roeder*, S. 23/24.

[23] So auch: *Jaeger*, § 197 Anm. 1. — *Seuffert*, S. 448. — Abw. *Roeder*, S. 23.

[24] Die Frage nach der Rechtskraft der Feststellung der Konkursgrundlage, wie sie für den Eröffnungsbeschluß besteht — vgl. oben 4a —, erhebt sich sonach dem Wiederaufnahmebeschluß gegenüber gar nicht, weil dieser überhaupt nichts „feststellt“ — vgl. *Jaeger*, § 198 Anm. 1. — Abw. *Oetker*, Fragen, S. 78/79.

5. Konkurssubjekt und Bankruttsubjekt sind eigenartig gestaltet in den Sonderkonkursen:

eine Mehrheit, sämtlich bankruttfähiger, Konkurssubjekte zeigen die eigentlichen Handelsgesellschaften;

ein nicht bankruttfähiges Konkurssubjekt und für dessen Bereich nicht konkursfähige Bankruttsubjekte zeigt die Aktiengesellschaft;

ein bankruttfähiges Konkurssubjekt und ein weiteres Bankruttsubjekt zeigt endlich der Nachlaßkonkurs.

Zur Bestimmung des Wiederaufnahmegrundes ist auf das Grundprinzip der Reihe §§ 175ff. KO zurückzugehen: Ohnmacht des Zwangsvergleichs gegenüber einem von Bankruttabsicht beeinflußten Vermögen. Träger einer beeinflussenden Bankruttabsicht aber ist der verfügungsmächtige Herr dieses Vermögens. — Verfügungsmächtige Herren des Gesellschaftsvermögens sind die einzelnen Gesellschafter der offenen Handelsgesellschaft usw.[25] und die Vorstandsmitglieder bez. Liquidatoren der Aktiengesellschaft.[26] Deren Gesellschafts- bez. Amtsbankrutt bildet gemäß der ratio legis den Wiederaufnahmegrund des Gesellschaftskonkurses.

Entsprechend bildet das gegen den Erblasser auf Grund einer Zahlungseinstellung ergangene Bankrutturteil neben der Verurteilung des Erben einen Unzulässigkeits- bez. Wiederaufnahmegrund im Nachlaßkonkurs."[27] [28]

---

[25] So auch: *Endemann*, S. 590. — *Fitting*, S. 427. — *Jaeger*, § 175 Anm. 3; § 197 Anm. 1. — *Petersen-Kleinfeller*, § 162 a. F. Anm. 1. — *Roeder*, S. 26. — *Seuffert*, S. 417. — *F. Wach*, S. 21. — *v. Wilmowski*, § 175 Anm. 1.

[26] So auch: *Hellmann*, S. 573. — *Kohler*, Lehrbuch, S. 475f.; Leitfaden, S. 278. — *Roeder*, S. 25. — *Seuffert*, S. 417. — Abw. *Jaeger*, § 175 Anm. 3. — *v. Wilmowski*, § 208 Anm. 4.

[27] Abw.: *Petersen-Kleinfeller*, § 162 a. F. Anm. 1. (von seinem Standpunkte aus folgerichtig ausschließlich auf den den Zwangsvergleich beantragenden Gemeinschuldner Gewicht legend). — *Seuffert*, S. 417.

[28] Der Sprachgebrauch des Gesetzes — „Verurteilung des Gemeinschuldners" — liefert keinen Gegengrund, weil er rein äußerlich in der Disposition des Gesetzes begründet ist: die Titel 1 bis 7 des Buch II, insbesondere auch die §§ 197 ff., haben ausschließlich den Regelkonkurs im Auge, worauf erst im Titel 8 die Sonderkonkurse anhangsweise folgen.

Zweiter Teil.

Die formelle Prozeßstellung.

A.

Formell-prozessual, und zwar nach ihrer Stellung im Gesamtkonkursgang, ist die Konkurswiederaufnahme ein außerordentlicher Rechtsbehelf gegenüber dem angenommenen und bestätigten, mithin in seiner Tatbestandsentwicklung abgeschlossenen Zwangsvergleich.

Prinzipiell ist der Zwangsvergleich unerschütterlich;[1] unanfechtbar ist sein Tatbestand trotz allgemeiner Vertragsmängel[2] oder spezifischer Mängel des Zwangsvergleichsverfahrens — formell rechtskräftig ist der Bestätigungsbeschluß (KO §§ 190, Abs. 1 initio, 189, Abs. 3) — unanfechtbar ist die den Zwangsvergleich in Kraft setzende Konkursprozeßaufhebung (KO § 190, Abs. 1, S. 2) — der in Kraft gesetzte Zwangsvergleich bleibt wirksam trotz Nichterfüllung (KO § 195).[3]

Betrug und betrüglicher Bankrutt, die Fälle der Reihe KO 196 ff., sind die einzigen Gründe einer Erschütterung des vollendeten Zwangsvergleichs.

I.

1. Betrug und betrüglicher Bankrutt sind beide Betrugsdeliktstatbestände: Individual- und Konkursbetrug. Kehrt im Betruge

---

[1] Motive, S. 426: „Eine Ungewißheit würde die Maßnahmen aller lähmen."

[2] So auch: *v. Wilmowski*, § 196 Anm. 1. — *Jaeger*, § 196 Anm. 1a. — Abw.: *Kohler*, Lehrbuch, S. 499, der auch metus als Anfechtungsgrund zulassen will.

[3] Dies mußte bei Erlaß der Reichskonkursordnung ausdrücklich ausgesprochen werden, um Analogieschlüsse aus dem Code civil, Art. 1184, abzuschneiden (Motive, S. 426/427).

die allgemeine Arglist des Zivilvertragsrechtes wieder,[4] so ist der Bankrutt ein echtes Kriminaldelikt, demgemäß auch für seine Feststellung an den spezifischen Kriminalerkenntnisgang gebunden.

Der Betrug umfaßt überdies die Fälle des betrüglichen Bankrutts, ist ihm insoweit subsidiär.[5]

2. Beide Delikte richten sich — anders wie die allgemeinen Willenserklärungsmängel, deren Spitze bald gegen die eine, bald gegen die andere Vertragspartei geht — stets streng einseitig gegen die Konkursgläubiger.

3. Beide Makel sind begründet in jedem Falle bereits bei der Vollendung des Zwangsvergleichs, noch vor seiner Inkraftsetzung[6] — der Betrug als Entstehungsfaktor des Zwangsvergleichstatbestandes, der betrügliche Bankrutt als Unzulässigkeitsgrund gemäß § 175 KO. Lediglich ihre Erkenntnis kann auch erst nach Inkraftsetzung des Zwangsvergleichs eintreten; für die prozessuale Geltendmachung der Makel sind demgemäß für jedes Verfahrensstadium eigene Wege vorgesehen; der Bankruttreihe §§ 186, 197 KO geht parallel die Betrugsreihe §§ 188, 196 KO.

4. In Tatbestandszusammenhang steht der betrügliche Bankrutt mit dem Konkursganzen, mit den allgemeinen Konkursgrundlagen; der Betrug ist empirisches Verfahrenselement des formellen Konkursverfahrens selbst, und zwar des Zwangsvergleichsverfahrensabschnitts.

5. Der Betrug — von Haus aus, seinem Gattungswesen nach, ohne jede innere Beziehung zum Konkurse, steht nur in dieser einen Spezies, zufällig, mit ihm in Tatbestandszusammenhang. Der betrügliche Bankrutt ist das spezifische Konkursdelikt; er steht in allen seinen Tatbestandselementen (Bankruttabsicht — Bank-

---

[4] Ein besonderer Nachweis einer Vermögensbeschädigung und einer Absicht auf rechtswidrigen Vorteil ist hier nicht nötig. — Protokolle S. 114/115. — *Endemann*, S. 608. — *Jaeger*, § 196 Anm. 1a. — *v. Sarwey-Bossert*, § 196 Anm. 1. — *v. Wilmowski*, § 196 Anm. 1.

[5] So: *Jaeger*, § 196 Anm. 1a.

[6] Betont von *Kohler*, Lehrbuch, S. 498 („dem Vergleich innewohnende vitia").

rutthandlungen — Bankruttbedingungen) in Wesenszusammenhang mit dem Konkurse.[7]

Fehlergrund des Zwangsvergleichs ist dieser konkrete Betrug in specie, dagegen der betrügliche Bankrutt als solcher, seinem Wesen nach, in genere.

II.

1. Der Zwangsvergleich dient — objektiv — in beiden Fällen dem Deliktsdolus: er vollendet den Betrugsvorsatz — und er leistet Vorschub dem Eintritt des Bankruttabsichtserfolges.

2. Dieser Dienst beschränkt sich beiderseits auf die Vergleichseinräumungen der Gläubiger.

3. Beiderseits leistet der Zwangsvergleich den Dienst von Anfang an, bereits mit seiner Inkraftsetzung.

4. Der Betrug bringt unmittelbar den Zwangsvergleich zustande, ist sein unmittelbarer Entstehungsfaktor. Der betrügliche Bankrutt beeinflußt unmittelbar lediglich die Konkursgrundlagen, versetzt diese in die Bankruttlage; erst in dieser Bankruttlage — mittelbar — liegt die Schädigungsquelle für den Zwangsvergleich.

Der Betrug vollendet sich zugleich mit dem Zwangsvergleich; der betrügliche Bankrutt liegt stets bereits vollendet vor als Unzulässigkeitsgrund.

5. Der Betrug verletzt, der betrügliche Bankrutt gefährdet.

Der Betrug verletzt ausschließlich diesen konkreten Zwangsvergleich in specie; der betrügliche Bankrutt gefährdet jeden Zwangsvergleich in genere in diesem Konkurs.

In bankruttverseuchter Konkurslage fehlt es der Aktivgläubigerschaft von vornherein an jeder Vergleichs-Dispositionsbefugnis; der Betrug wirkt lediglich eine mißbräuchliche Ausübung der an sich zustehenden Dispositionsmacht im Einzelfalle.

III.

1. Der Betrugs- wie der Bankruttmakel lassen den Vergleichstatbestand unberührt, sie schwächen lediglich — analog dem allgemein-zivilistischen Vergleichsmangel — seine Wirksamkeit.

---

[7] So auch: *v. Sarwey-Bossert,* § 197 Anm. 1.

2. Vollwirksam bleibt die Garantieneinräumung des Schuldners; die Unwirksamkeit erstreckt sich ausschließlich auf die Vergleichseinräumungen der Gläubiger. Sie ist sonach objektiv beschränkt nach subjektivem Gesichtspunkte.[8]

3. Unwirksam ist der Zwangsvergleich insoweit stets von vornherein; trotz Inkraftsetzung ist er insoweit niemals in Kraft getreten.[9]

Auch die ex nunc eintretende Prozeßwiederaufnahme stützt sich auf ex tunc fortdauernde Konkursansprüche.[10]

---

[8] Motive, S. 427: „Zu weit aber geht es und der Schutz schlägt in Beschädigung um, wenn zugleich den Gläubigern die Vorteile des Vergleichs genommen werden, wenn durch die Anfechtung der Vergleich in seinem ganzen Umfang vernichtet wird. — *Schultze*, S. 131, sieht hierin eine Bestätigung der Urteilstheorie.

[9] Hervorgehoben von *Kohler*, Lehrbuch, S. 500 („der dolus hält diesen Erlaß in der Schwebe" — „mit dem Bankruttakt ist der Keim des vitium in den Vergleich gelegt, allein er geht nur auf, wenn es zu einer rechtskräftigen Verurteilung kommt").

[10] Der Sprachgebrauch des Gesetzes ist allerdings unsicher und dunkel. Die für den Betrug in § 196 KO erforderte „Anfechtung" läßt gewiß nach dem festen Sprachgebrauche des BGB, dem die KO durch die Parallelnovelle, soweit Abweichungen bemerkt wurden, ausdrücklich angepaßt worden ist, eine ex tunc eintretende Unwirksamkeit erwarten. Die von § 197 KO vorgesehene „Aufhebung" des Erlasses dagegen setzt nach den verba legis dessen wirksame „Begründung" voraus. Diese Termini sind indessen von vornherein falsch gewählt: „Begründung" wie „Aufhebung" sind begrifflich überhaupt nur bei positiven Tatumständen möglich; bei negativen Tatunständen dagegen, wie bei der von § 197 KO geregelten Reduktion der Vollstreckbarkeit, sind sie sinnlos. Die Veränderungen negativer Tatumstände sind in Wahrheit nur Reflexerscheinungen der Veränderungen ihrer positiven Kontradiktorien: negative Tatumstände treten ein mit Aufhebung des positiven Gegenteils und kommen in Wegfall mit Begründung des positiven Gegenteils. Angesichts dieser sprachlichen Unsinnigkeit ist aber die Terminologie des § 197 als Erkenntnismittel des Willensinhaltes von vornherein abzulehnen.

Die Frage: — ob ex tunc oder ex nunc — hat überdies für das Gebiet des § 197 KO keine praktische Bedeutung: handelt es sich doch bei der in § 197 in Rede stehenden Vollstreckbarkeit um eine reine Hilfsposition, um eine Verwertungsfähigkeit, von welcher ein Rechtsvorteil nur durch die Verwertung selbst herausspringt, die bloße Gegen-

4. a) Gegenüber Bankrutt-Konkursansprüchen versagt die Konkurswirkung des Zwangsvergleichs: sie überdauern seine Inkraftsetzung. Sekundär, zufolge Ausfalles der Konkurswirkung, entfällt auch die Nebenwirkung des Erlasses (§ 197 KO).

Vom Betrug berührt wird nur die in die Spezialexekution hinübergreifende Erlaßwirkung. Die Konkurswirkung — Aufhebung der Konkursansprüche — tritt ein, unbeirrt von der Hinfälligkeit der Nebenwirkung mit abstrakter Kraft (§ 196 KO).

b) Die primäre Erlaßunwirksamkeit im Betrugsfalle besteht individuell zugunsten der einzelnen Vergleichsgläubiger; der einzelne kann durch sein individuelles Verhalten die Betrugskausalität für sich unterbrochen und damit für sich persönlich den Fehler eliminiert haben (§ 196 Abs. 2 KO), jeder einzelne hat die Unwirksamkeit für sich persönlich geltend zu machen (§196 Abs. 1 KO).[11]

Im Bankruttfalle besteht generelle Unwirksamkeit der Wesens-Wirkung — damit aber auch sekundär der Erlaß-Hilfswirkung — generell zugunsten der Gläubigerschaft.

c) Die Individualunwirksamkeit aus Betrug bedarf — wie die zivilistische Erklärungsnichtigkeit — der Anfechtung (§ 196 KO). Die Generalunwirksamkeit aus betrüglichem Bankrutt besteht ipso jure[12] — allenthalben, auch hinsichtlich der Konkursansprüche: der von § 198 KO geforderte Antrag ist kein Hilfsakt zur Geltendmachung der Vergleichsunwirksamkeit, Effektuierung des Fortbestandes der Konkursansprüche; er ist nichts weiter wie das allgemeine Betätigungsverlangen der fortbestehenden Konkursansprüche, das volle Analogon zum Konkurseröffnungsantrag — der zum Konkursprozesse notwendige Parteiantrieb.

Betrug und betrüglicher Bankrutt lösen sonach beide ex tunc eine auf die Vergleichsgläubiger sich beschränkende Teilunwirksam-

---

wartsbedeutung hat, bei der sonach eine Rückwirkung praktisch unerheblich ist.

[11] Motive, S. 427: „Bei Abschluß und bei Bestätigung des Vergleichs standen als die eine Partei dem Gemeinschuldner alle Gläubiger zusammen gegenüber; nach Aufhebung des Konkurses steht jeder Gläubiger neben dem anderen einzeln, selbständig da."

[12] Von den Motiven, S. 428, mi tder „einfachen, leicht erweislichen Tatsache der rechtskräftigen Verurteilung" erklärt.

keit aus. *Konkursmäßig*[13] *wirkungslos ist der Zwangsvergleich nur gegenüber dem betrüglichen Bankrutt — nur beim Mangel jeder Dispositionsmacht:* nur der betrügliche Bankrutt *schaltet* für die Gesamtgläubigerschaft von Rechts wegen den *Zwangsvergleich als solchen aus*, wirkt Fortdauer der Konkursansprüche und in deren Gefolge generelle Erlaßunwirksamkeit.

B.

Ihrer Prozeßbedeutung nach — als neue Verfahrensanhängigkeit für die Grundlagen des Hauptverfahrens — steht die Konkurswiederaufnahme in Parallele zur „Wiederaufnahme des Verfahrens" nach §§ 579ff. ZPO.

Im Gegensatze zur Unwirksamkeit des Zivilprozeßvergleichs des § 794 Ziff. 1 ZPO, die unmittelbare Fortdauer der Hauptverfahrens-Anhängigkeit wirkt, lassen sowohl die Wiederaufnahme des Konkursverfahrens wie die Wiederaufnahme des Verfahrens der ZPO den Abschluß der Anhängigkeit des Hauptverfahrens unangetastet. Fortdauer gilt lediglich für die materiellen Prozeßgrundlagen, insbesondere für die Konkursansprüche. Für die fortdauernden Verfahrensgrundlagen wird eine neue Verfahrensanhängigkeit ex nunc eröffnet (§ 199 KO; § 585 ZPO).

I.

1. Die Besonderheiten des Wiederaufnahmekonkurses gegenüber der Verfahrenswiederaufnahme der ZPO[14] sind begründet unmittelbar in der Eigenart des Konkursverfahrens.

a) Die Wiederaufnahme der §§ 578ff. ZPO liegt auf dem Spezial-Rechtsverfolgungswege, wo die Willkür des Einzelnen, das Präventionsprinzip, gilt; der Wiederaufnahmekonkurs liegt auf dem vom Konkursprinzip beherrschten Konkurswege, auf dem die Rechts-

[13] *Kohler*, Leitfaden, S. 292, bezeichnet die rechtskräftige Bankruttverurteilung als „allgemeine auflösende Bedingung, welche dem Vergleich kraft Gesetzes anhaftet".

[14] *Roeder*, S. 29, scheint jeden Vergleich mit der Verfahrenswiederaufnahme der ZPO von vornherein abzulehnen; anders S. 60.

verfolgenden zur par condicio organisiert sind, und der Einzelne nur mittelbar, nur als Mitglied dieser par condicio beteiligt ist.

b) Das den §§ 578ff. ZPO zugrundeliegende Verfahren steht, von Vollstreckungselementen vollkommen frei, im Erkenntnisstadium; der Konkursprozeß soll wieder aufgenommen werden als Verfahren im Vollstreckungsstadium, das Erkenntniselemente nur als unselbständige Vollstreckungsvorstadien birgt.

c) Gegenstand der ZP-Wiederaufnahme ist ein Verfahren zur Erledigung eines individuellen Rechtsschutzanspruchs[15] — und zwar des Anspruchs im Erkenntnisstadium, des Anspruchs auf Vollstreckungstitel (zu b) im Spezialverfolgungswege (zu a), des Urteilsanspruchs; das Konkursverfahren ist lediglich eine abstrakte Prozeßlage, die allgemeine Betätigungsgelegenheit für die unbestimmte Zahl der Konkursansprüche — die Parallele zur abstrakten Klagmöglichkeit.

2. An der den Prozeßzweck des Erkenntnisstadiums bildenden Entscheidung über den Anspruch auf den Vollstreckungstitel sind beide Parteien in gleichem Maße interessiert: dem Parteizwecke des nach dem Titel begehrenden Klägers steht der auf Versagung des Titels gerichtete Parteizweck des Beklagten entgegen; die Prozeßzweckerledigung bedeutet stets die Befriedigung des einen und zugleich Abweisung des anderen Parteizwecks.

Den Konkursprozeß treibt ausschließlich der einseitige, mit dessen Prozeßzweck sich deckende, Parteizweck der den still duldenden Schuldner vergewaltigenden Vollstreckungsgläubigerschaft.

3. Das Interesse der Zivilprozeßparteien ist konzentriert auf den Endakt des Verfahrens; in dem momentanen Endakt, einheitlich und unteilbar, wird der Verfahrenszweck erfüllt.

Der Konkurszweck geht unmittelbar auf die Verfahrensanhängigkeit als solche; im Verlaufe des Konkursverfahrens, sukzessiv, wird der Konkursrechtsschutz gewährt.

4. Das Verfahren, das im Konkurse die Zweckerledigung selbst ist, liegt sonach im Zivilprozesse vor der eigentlichen Zweckerfüllung;

---

[15] Rechtsschutzanspruch im Sinne von *Wach*, vgl. dessen Handbuch des ZPR I, S. 1 ff. — Bei der Parallelisierung zum Konkurse hat die negative Feststellungsklage außer Betracht zu bleiben.

nur mittelbar, als unumgängliches Vorstadium zur Auswahl des Befriedigungs-würdigen unter den zwei Befriedigung-begehrenden Parteizwecken, dient auch das ZP-Verfahren dem Prozeßzwecke.

5. Das Enddekret des Verfahrens schließt seiner prozessualen Stellung gemäß das Verfahren ab.

a) Es schließt zunächst die rein formelle Prozeßanhängigkeit ab — allerdings ohne jede Präklusionswirkung: jede beliebige neue Klage, jeder neue Konkursantrag vermag ohne weiteres über diesen Titelanspruch, zu diesem Konkursgrund ein Gericht wieder in Aktion zu setzen.

b) Präklusivisch schließt das Endurteil ab das Judicium, die Sachverhandlung über diesen Titelanspruch; und der Konkursaufhebungsbeschluß beseitigt endgültig[16] die Konkursexekutionslage zu diesem Konkursgrund. Beide Enddekrete verneinen damit bindend für alle Zukunft den Fortbestand des Rechtsschutzinteresses, verschließen jede weitere Rechtsschutztätigkeit im Dienste des Verfahrenszwecks.

Das Enddekret des Zivilprozesses enthält aber zugleich die volle Verfahrenszweckerfüllung: es ist selbst die erstrebte Titelentscheidung. — Der Konkursaufhebungsbeschluß dient niemals selbst dem Verfahrenszwecke: durch die Schlußverteilung hat der Konkurszweck bereits seine volle Erledigung gefunden; ein zugleich mit dem Konkursaufhebungsbeschluß in Kraft tretender Zwangsvergleich aber entreißt gerade dem Verfahrenszweck jede weitere Befriedigungsmöglichkeit.

II.

Begründet ist jede Wiederaufnahme in einer ungerechtfertigten Beschwer des das Hauptverfahren abschließenden Enddekretes.

1. Beschweren kann das Enddekret nur in einer Beziehung, in der in abstracto verschiedene Gestaltungen zur Wahl stehen: die beschwerende getroffene und mindestens eine weitere nicht beschwerende, von der Wiederaufnahme erstrebte Gestaltung. Sowohl für das Zivilprozeßurteil wie für den Konkursaufhebungs-

---

[16] Im Gegensatz zum Konkurseinstellungsbeschluß der §§ 202 ff. KO.

beschluß ist unabweisbar, „daß“ sie ergehen: jedes Verfahren läuft ab, hat sein Ende. Variabel ist das „Wie“ des Urteilsinhalts, sofern dieses dem einen oder dem anderen der beiden sich entgegenstehenden Parteizwecke stattgeben kann. Dem Konkursenddekret, das eines materiell-prozessualen Gehalts überhaupt entbehrt, ist sein formell-prozessualer Inhalt durch seine Stellung am Schlusse des Konkursvollstreckungszustandes fest vorgezeichnet. Variabel ist lediglich das „Wann“ seines Eintrittes: auf Schlußverteilung oder vorzeitig auf Zwangsvergleich.

Jeder Urteilsinhalt, insofern er dem einen Parteizwecke stattgibt, bedeutet für den anderen eine Verkümmerung; den einzigen Konkurszweck lädiert nur die auf Zwangsvergleich basierende Vorzeitigkeit.

Eine Beschwer bildet sonach jedes Endurteil durch seinen Inhalt — und zwar je nach dem für die eine oder die andere Partei, dagegen ausschließlich der auf Zwangsvergleich basierende vorzeitige Konkursaufhebungsbeschluß, und zwar nur gegenüber der Gläubigerschaft. — Sie allein hat ja ein beachtliches Interesse am Verfahren.

2. Ungerechtfertigt ist diese Beschwer bei Fehlerhaftigkeit der beschwerenden Enddekrete.

a) Sämtliche Fehlergründe bestehen bereits bei Inkrafttreten des Enddekretes.

Dem die Konkurswiederaufnahme begründenden Bankruttdelikt entsprechen die Restitutionsdelikte; auch diese werden beachtlich für den Zivilprozeß erst nach ihrer Feststellung im exklusiv zuständigen Strafprozeß (§ 581 ZPO).

b) Dem die formellen Defekte des § 579 ZPO aufweisenden Verfahren fehlt es an wesentlichen Garantien für die Findung des richtigen Urteils. Die Restitutionsgründe des § 580 ZPO in ihren verschiedenen Gruppen wirken Unrichtigkeit der Tatbestandsermittlung und Tatbestandsverarbeitung, Irrigkeit des Erkenntnisgangs. Den Fehlergründen der ZPO ist durchgängig wesentlich eine Beeinflussung des Inhalts des Enddekrets.

Das Bankruttdelikt beeinflußt nicht den Endakt selbst; unmittelbar beeinflußt es, verwirrt es die Vollstreckungsgrundlagen. Die durch den Bankrutt geschaffene Verwirrung der Vollstreckungslage aber birgt ungewöhnliche Gefahren, denen die vorzeitige Konkursaufhebung gerade Vorschub leisten würde. Angesichts dieser in der Bankruttverfassung begründeten Gefahren erscheint eine vorzeitige Konkursaufhebung nicht gerechtfertigt: im Bankruttzustand vermag ein Zwangsvergleich die vorzeitige Konkursaufhebung nicht zu motivieren.

3. Die Restitutionstatbestände der ZPO § 580 sind nicht in jedem einzelnen Falle ohne weiteres als solche auch kausal für das Enddekret. Neben den Restitutionstatbeständen selbst wird spezielle Kausalität im Einzelfall verlangt: nicht schon der existente, sondern nur der in concreto kausale[17] Restitutionsgrund berechtigt zur Wiederaufnahme.

Auch die Nichtigkeitsfehler des § 579 ZPO sind nicht schon als solche stets kausal für den Endakt. Spezielle Kausalität im Einzelfalle wird indessen zur Wiederaufnahme nicht verlangt — schon der Nichtigkeitsgrund als solcher, als Quelle der Gefahr unrichtigen Urteils, berechtigt zur Wiederaufnahme.

Auch für die Konkurswiederaufnahme genügt die in der Bankruttlage begründete generelle Gefährlichkeit des Zwangsvergleichs, um diesem die Motivationskraft für den Konkursaufhebungsbeschluß zu nehmen.

III.

1. Der Zweck des wiederaufgenommenen Verfahrens ist identisch mit dem Zwecke des Hauptverfahrens: dort Entscheidungsdekret über den Titelanspruch des Hauptverfahrens, und als Mittel zu diesem Zweck ein vorheriges Erkenntnisverfahren — hier Konkursvollstreckungszustand zur Befriedigung der Konkursansprüche des Hauptkonkurses.

2. a) Erneuter Förderung des Hauptverfahrenszwecks stehen entgegen die Rechtsschutzpräklusionen der Enddekrete des Hauptverfahrens. Deren Durchbrechung ist die allererste Aufgabe der die Wiederaufnahme begehrenden Partei; die Entscheidung über die

[17] Vgl. die Worte des § 580 ZPO: „auf welche das Urteil gegründet ist" — „von der das Urteil erwirkt ist" — „bei dem Urteil mitgewirkt hat" — „eine günstigere Entscheidung herbeigeführt haben würde." —

ausnahmsweise Fortdauer des Rechtsschutzinteresses über das Enddekret hinaus zufolge Bestehens der formellen und funktionellen Wiederaufnahmevoraussetzungen ist der spezielle Zweck des Wiederaufnahme-Vorverfahrens.

b) Dieses Verfahren ist die reine inhaltlose Prozeßanhängigkeit; begrifflich steht es im scharfen Gegensatze zu dem begehrten Sacherkenntnisverfahren einerseits, Konkursvollstreckungsverfahren anderseits. Die ZPO (§ 590 Abs. 2) überläßt nun allerdings die formelle Verfahrenstrennung dem fakultativen Trennungsdekret des Einzelfalls, rechnet also prinzipiell mit der Eventualverbindung von Vorverfahren und Verhandlung über die Hauptsache; diese ist prozessual möglich, weil ja das Verfahren im Erkenntnisstadium noch nicht die Zweckerledigung selbst, vielmehr nur ein Vorstadium hierzu ist; überdies sind beide Erkenntnisverfahren. Dagegen ist das Konkurswiederaufnahmeverfahren des § 198 Abs. 2 KO stets formell scharf geschieden von dem „wiederaufgenommenen Verfahren" (verbo § 200 KO): eine vorläufige eventuelle Konkursbefriedigung wird nicht eröffnet.

c) Das Vorverfahren endigt mit der Ablehnung oder mit dem — bei der Konkurswiederaufnahme stets ausdrücklich formulierten — Wiederaufnahmebeschluß.

Die Wiederaufnahme bedeutet im Zivilprozesse: Wiedereröffnung des Judicium, des Sacherkenntnisverfahrens — im Konkurse: Wiedereröffnung der Konkursprozeßanhängigkeit, des Konkursvollstreckungszustandes.

d) Zum Konkursaufhebungsbeschluß stellt der Wiederaufnahmebeschluß den vollkommenen contrarius actus dar; jener ist durch ihn vollkommen erledigt. Das Zivilprozeßurteil, nur seiner prozessualen Präklusionswirkung entkleidet, besteht einstweilen weiter als Zweckergebnis des Hauptverfahrens.

3. Das wiederaufgenommene Verfahren ist nicht das erste Verfahren; es ist ein zweites, reformatorisches Verfahren nach einem fehlerhaften Hauptverfahren. Diese seine Stellung zum Hauptverfahren gibt in ihm dem Verfahrenszweck seine besondere Färbung.

a) Seine Stellung zum Hauptverfahren ist eine verschiedene je nach den einzelnen Wiederaufnahmegründen. Die Nichtigkeitsklage involviert die Kassierung des gesamten Hauptverfahrens und seine Ersetzung durch ein neues Gesamtverfahren.

Der Restitutionsprozeß bewirkt die teilweise Verbesserung des Hauptverfahrens, sei es durch Ausscheidung des fehlerhaften Bestandteils und regelmäßige Surrogierung eines prozessual gleichartigen, fehlerfreien Bestandteils (§ 580, Ziff. 1—6), sei es durch bloße Vervollständigung um noch fehlende, wesentliche Bestandteile (§ 580, Ziff. 7).

Die Konkurswiederaufnahme nimmt dem Zwangsvergleichsverfahrensabschnitt seine Relevanz, ohne indessen ein Surrogat einzuführen; unbekümmert um den Hauptverfahrensinhalt führt sie das Hauptverfahren so, wie es mit Einleitung der Zwangsvergleichsverhandlungen abgebrochen war, lediglich weiter.

b) Das Zweckergebnis des Hauptkonkurses — die Teilbefriedigung durch Abschlagsverteilungen mitsamt etwaigen Hilfsaktionen — tastet sonach der Wiederaufnahmekonkurs in keiner Weise an; er vervollständigt es im Gegenteil bis zur vollen Zweckerfüllung. Der Parteizweck der die ZP-Wiederaufnahme betreibenden Partei geht demgegenüber auf Vernichtung des den Hauptverfahrenszweck erledigenden Endurteils und seine Ersetzung durch ein andersartiges Ergebnis, läuft also dem Hauptverfahrensergebnis direkt entgegen: bei Erreichung des Wiederaufnahmezwecks stellt dieses sich als vollkommen wertlos heraus.

c) Trotz Fehlerhaftigkeit des formellen Verfahrens (§ 579 ZPO) oder des Erkenntnisganges (§ 580 ZPO) kann das Endurteil des Hauptverfahrens das richtige sein; der Verfahrensfehler braucht in concreto überhaupt nicht für die Endentscheidung kausal zu sein, die vereinzelte Erkenntnisirrung ist nicht notwendig die einzig-mögliche Basis für diesen Urteilsinhalt. Die Wiederaufnahme, die Eröffnung der Verhandlung über die Hauptsache, gibt der die Wiederaufnahme betreibenden Partei noch keine Garantie der schließlichen Erreichung ihres Wiederaufnahmezwecks. Auch kann sich eine nur teilweise Abänderung ergeben.

Wiederaufnahme des Konkursverfahrens bedeutet zugleich Wiedereröffnung sofortiger Konkursbefriedigung; und bei Generalunzulässigkeit dieses Zwangsvergleichs muß das Verfahren notwendig bis zur Vollbefriedigung getrieben werden. Die Konkurswiederaufnahme garantiert sonach volle Zweckbefriedigung.

IV.

1. a) Jedes Wiederaufnahmeverfahren als Prozeßgebilde ist ein Anhangsverfahren nach einem Hauptverfahren, ein unselbständiges Verfahren. Für alle ihrer Natur nach dauerhafteren Verfahrenselemente — für die materiellen Verfahrensgrundlagen wie für die formellen Dauerinstitutionen — erhebt sich stets die Frage der Anlehnung an das Hauptverfahren, Anknüpfung an dessen Parallelelemente.

b) Prozeßtheoretisch ist das Wiederaufnahmeverfahren ein Sonderverfahren, d. h. das Normalverfahren mit gewissen Abweichungen.

2. Beide Eigenarten finden ihren Niederschlag in der Gesetzestechnik. Der Verfahrens-Unselbständigkeit (zu a) entsprechend, stellt das Gesetz sich auf den Standpunkt des Hauptverfahrens, betrachtet demgemäß die Anlehnung an das Hauptverfahren als das Normale; ausdrückliche Regelung bringt es nur für die dem Hauptverfahren gegenüber ungewöhnliche Neusetzung von Verfahrenselementen (vgl. insbesondere § 201 KO).

Soweit aber diese Verfahrenselemente neu zu setzen sind, setzt das Gesetz der Eigenart zu b) gemäß die Normen des Regelverfahrens stillschweigend voraus, würdigt besonderer Regelung nur die typischen Abweichungen des Wiederaufnahmeverfahrens.

Aus beiden Gründen ist die gesetzliche Behandlung des Wiederaufnahmeverfahrens keine umfassende, systematisch erschöpfende. Sie ist ein zusammenhangsloses Konglomerat von Bruchstücken.

Die Auslegung darf demgemäß nicht von der Voraussetzung der Lückenlosigkeit der Gesetzesregelung ausgehen; das Gesetz enthält, soweit die Gründe zu a) und b) eingreifen, absichtliche Lücken.

Dritter Teil.

Die Gläubiger.

Für die subjektive Seite des Wiederaufnahmekonkurses weist bereits die Terminologie:

— Gläubiger, für und gegen welche der Vergleich wirksam war (§§ 200 Abs. 1, 196, 197 KO) — Konkursgläubiger (§ 198 KO) — früher geprüfte Forderungen (§ 201 Abs. 2 KO) — die neuen Gläubiger (§ 200 Abs. 2 KO) —

direkt oder indirekt allenthalben auf den Hauptkonkurs zurück; schon in der Nomenklatur erscheint der Wiederaufnahmekonkurs subjektiv als strenge Fortentwicklung des Hauptkonkursergebnisses. Methodisch ergibt sich damit die Notwendigkeit, von der Gliederung der Gläubiger im Hauptkonkurse auszugehen.

A.

I.

Für den subjektiven Aufbau des Konkurses ist grundlegend der Gegensatz zwischen Konkursanspruch und Konkursprozeß.

1. Treibende Elemente des Konkurses sind subjektiv die Konkursansprüche, publizistische Ansprüche auf Zwangsbefriedigung in Konkursform.[18]

2. Der Konkursprozeß ist nichts anderes wie diese Konkursform. Weder ist er die Grundlage der Konkursansprüche, die vielmehr vor jedem Konkursprozesse aus dem Konkursgrunde entstehen, noch ist er etwa deren Ziel; er ist lediglich ihr Betätigungsfeld. Subjektiv ist die Konkursform die Organisation der Vollstreckungsgläubiger in der par condicio. Subjekt des Konkurs-

[18] Vgl. *Wach*, Handbuch des ZPR I, S. 1 ff.

verfahrens: der materiellen Vollstreckungsmacht wie des formellen Verfahrensbetriebes, ist die Konkurs-Gesamtheit. Der einzelne Gläubiger hat keinen unmittelbaren Zutritt zur Vollstreckungsmacht; nur mittelbar, als Mitglied der Konkurs-Gesamtheit, kann er an der Konkursvollstreckung teilnehmen; in der Form des Mitgliedschaftsgewinnes fällt ihm die Konkursbefriedigung zu; Vollstreckungstitel für den einzelnen Gläubiger ist die Mitgliedschaft in der Konkurs-Gesamtheit.

3. Diese Mitgliedschaft wird nicht jedem Konkursanspruchsinhaber ohne weiteres gewährt; es ist vielmehr Sache des Einzelnen, im Laufe des Konkursprozesses sie sich zu erwerben.

Mit Konkurseröffnung aber, ohne weiteres, werden sämtliche Inhaber von Konkursansprüchen den Konkursprozeßschranken unterworfen: auf aller Rechnung ist der Konkursprozeß eröffnet, allen ist damit der Individualexekutionsweg verschlossen, sie sind alle konkursbefangen (§ 240 ZPO, §§ 12, 14 KO) — auf aller Rechnung wird der Konkursprozeß geführt, formell (§§ 97, 145 Abs. 2, 147 KO) und materiell (§ 155 KO) — mit Wirkung gegen sie alle wird die Konkursform wieder vernichtet (§§ 163f., 192f. KO). Unter die Aktiv-Gesamtheit der dinglichen Vollstreckungs-Genießer mit ihrem freiwilligen Einzelbeitritt schiebt sich sonach eine Passiv-Gesamtheit mit Zwangsmitgliedschaft aller Konkursanspruchsinhaber als solcher; deren Mitglieder treffen die Konkursnachteile mit dinglicher Kraft, und als Passivgesamtheits-Mitglieder haben sie das obligatorische Recht auf Aufnahme in die Aktivgesamtheit. Passivgesamtheits-Mitgliedschaft ist die Voraussetzung der Aktivgesamtheits-Mitgliedschaft.

4. Zu dem in der Passivgesamtheits-Mitgliedschaft gegebenen Rechte zur Konkursmacht muß der Wille zur Konkursmacht hinzutreten; erst die diesen Willen erklärende Konkursanmeldung begründet die Relevanz für diesen Konkursprozeß: die aktive Konkursanhängigkeit.

II.

Dem Entwicklungsgange des einzelnen Gläubigers entsprechend sind es zwei Hauptgruppen, welche die Gliederung der Gläubigerschaft des Hauptkonkurses letzen Endes bestimmen: die Passivgesamtheitsmitglieder („Gläubiger“ im Sprachgebrauch der KO) einerseits und die Konkursprozeßanhängigen („Forderungen“ im Sprachgebrauch der KO) anderseits.

1. Für die Entstehung von Konkursansprüchen ist

a) Individualvoraussetzung der Konkursforderungstatbestand:

es muß ein Anspruchsgrund, ein die Grundlage einer Verpflichtung des Schuldners bildendes Rechtsverhältnis bestehen; dieses bestimmt auch die Ausdehnung des Anspruches, seinen Betrag;

der aus diesem Rechtsverhältnis erwachsende Anspruch muß konkursfähig sein: ein persönlicher Vermögensanspruch gemäß § 3 Abs. 1 u. 2 KO, keine Geldstraf- oder Liberalitätsforderung (§ 63 Ziff. 3 u. 4 KO); eine verstärkte Konkursfähigkeit, ein Konkursvorrecht gewähren die Rechtsverhältnisse des § 61 KO;

der aus dem Rechtsverhältnisse erwachsene Anspruch muß — sowohl in seinem Anspruchsbestande wie in seiner Konkursfähigkeit — genügend entwickelt, „begründet“ sein, die Konkursreife besitzen — unreif sind bei Konkurseröffnung die Verfahrenszinsforderungen, die Erstattungsansprüche für individuelle Verfahrenskosten und noch befristete Forderungen (im Gegensatz zu bloß betagten) — § 63 Ziff. 1 gegenüber § 65 KO. —

b) Generalvoraussetzung ist ein Konkursgrund über das dem Konkursforderungstatbestand haftende Vermögen.

Jede Berührung mit einem Konkursgrunde bedeutet für den vollendeten Konkursforderungstatbestand eine Konkursverletzung; aus jeder solchen Konkursverletzung erwächst ein Konkursanspruch.

2. Mitglieder der Passivgesamtheit sind nur Inhaber von Konkursansprüchen. Nicht jeder während eines Konkursprozesses bestehende Konkursanspruch aber verleiht die Mitgliedschaft in dessen Konkurspassivgesamtheit.

a) Dieser konkrete Konkursprozeß ist die kausale Reaktion

eines bestimmten Konkursgrundes. Nur die durch diesen kausalen Konkursgrund ausgelösten Konkursansprüche sind für diesen Konkursprozeß relevant, finden Aufnahme in diese Passivgesamtheit.

b) Der Zutritt zum einzelnen Konkursprozesse steht nur bei dessen Eröffnung frei; auf Beteiligung in dieser Konkursform können nur die bis zu deren Eröffnung entstandenen Konkursansprüche rechnen: neben dem stets bereits vorliegenden Konkursgrunde muß auch der Konkursforderungstatbestand bei Konkurseröffnung vollendet vorliegen: Prozeßvoraussetzung der Passivgesamtheitsmitgliedschaft ist also weiter die Konkursfälligkeit des Konkursforderungstatbestands für diesen Konkursprozeß (§ 3 KO).

3. a) Von vornherein ausgeschlossen von dieser Passivgesamtheit sind sonach einmal alle für diesen Konkursprozeß irrelevanten, weil von einem anderen als dem für diesen kausalen Konkursgrund ausgelösten Konkursansprüche.

b) Von vornherein ausgeschlossen von dieser Passivgesamtheit sind weiter alle „neuen Gläubiger“: alle diejenigen, denen es an der Konkursfälligkeit für diesen Konkursprozeß fehlte, deren Konkursforderungstatbestand bei Eröffnung dieses Konkursprozesses in einem Elemente — im Anspruchsgrunde oder in der Konkursfähigkeit — überhaupt noch nicht begründet oder mindestens noch nicht zur Konkursreife gediehen war, erst nachträglich die Konkursreife erlangte. Sie können nachträglich, sofern der Konkursgrund noch fortbesteht, auf die Zeit der Fortdauer desselben einen Konkursanspruch erhalten; für diesen Konkursprozeß bleibt dieser aber unbeachtlich.

Mitglieder der Passivgesamtheit dieses Konkursprozesses werden sonach nur die Inhaber eines zugehörigen Konkursanspruches zur Zeit der Eröffnung dieses Konkursprozesses.

4. Der Fortbestand der Konkursansprüche setzt voraus das Fortbestehen des Konkursforderungstatbestandes und zunächst, solange der Konkursanspruch nicht Konkurs-befangen ist, auch Fortbestehen des Konkursgrundes; Konkurseröffnung mit Aufnahme in die Konkurspassivgesamtheit verselbständigt den Konkursanspruch für die Dauer dieses Konkursprozesses, macht sein Fortbestehen vom Fortbestehen des Konkursgrundes unabhängig; es genügt das Fortwirken der den Konkursanspruch auslösenden Konkursgrundverletzung.

Fortbestand des Konkursanspruchs ist zugleich Voraussetzung des Fortbestandes der Konkurs-Passivgesamtheits-Mitgliedschaft.

5. Sowie eine Konkursforderung ein Tatbestandselement wieder verliert, geht ipso jure ihr Konkursanspruch unter, scheidet sie aus der Konkurspassivgesamtheit aus.

Die Passivgesamtheit beginnt bei Konkurseröffnung mit ihrem Maximalbestand; im Laufe des Konkursprozesses verringert sie sich fortgesetzt um die individuell Ausscheidenden.

III.

Die Prozeßanhängigkeit der einzelnen Forderung verläuft in zwei Stadien: Anhängigkeit im Erkenntnisstadium und Anhängigkeit im Vollstreckungsstadium.

Die Anhängigkeit im Erkenntnisstadium, ihrerseits durch die Prüfung gegliedert in ein obligatorisches Stadium der bloß-gemeldeten Forderung und ein fakultatives Stadium der geprüften-bestrittenen Forderung, setzt lediglich die fortwirkende Konkursanmeldung voraus. Passivgesamtheitsmitgliedschaft einerseits und Erkenntnisanhängigkeit anderseits sind vollkommen unabhängig voneinander. Die Passiv-Gesamtheiter brauchen sich nicht zu melden, können untätig bleiben (rein Potentielle[2]); für die Prozeßanhängigkeit im Erkenntnisstadium sind Passivmitgliedschaft und Konkursanspruch ganz unerheblich. Dort reine Berechtigung, hier reiner Wille!

Erst die Erledigung des Erkenntnisstadiums scheidet die Unberechtigten aus: sie werden hinausliquidiert. Anhängigkeit im Vollstreckungsstadium ist die Mitgliedschaft in der Aktivgesamtheit.

IV.

Die Aktivgesamtheits-Mitgliedschaft setzt somit beide Tatbestände als ihre Elemente voraus: Passivgesamtheits-Mitgliedschaft einerseits und Prozeßanhängigkeit anderseits; für die Prozeßanhängigkeit setzt sie überdies eine gewisse Entwicklungsreife voraus: Erledigung des Erkenntnisstadiums!

---

[2] So: *Oetker*, Fragen.

Frühestens mit dem allgemeinen Prüfungstermine kann ein Erkenntnisstadium seine Erledigung finden; erst mit diesem kann sonach die Aktivgesamtheit die ersten Mitglieder erhalten, denen dann Streitiggebliebene und Nachzügler später folgen. Bis zum allgemeinen Prüfungstermine besteht die Aktivgesamtheit ohne Mitglieder, als bloße Blankoform.

Ausscheidungen erfolgen individuell mit dem individuellen Verluste entweder der Passivmitgliedschaft (Untergang des Konkursgläubigertatbestandes) oder der Prozeßanhängigkeit (Zurücknahme der Anmeldung).

Gegen Ende des Hauptkonkurses zeigt die Passivgläubigerschaft als Hauptgruppe die Aktivgesamtheits-Mitglieder, denen als Extrem die rein-potentiell-Gebliebenen, Ungemeldeten, gegenüberstehen. Dazwischen steht — ohne jede Rücksicht auf Passivmitgliedschaft — die Masse der im Erkenntnisverfahren Anhängigen: erst-gemeldete Nachzügler und Streitig-Gebliebene. Hinter den Passivmitgliedern, noch außerhalb dieses Konkursverfahrens, drängen die Neu-Gläubiger. Ausscheidende sind sowohl von der Passivgesamtheit wie von der Gruppe der Prozeßanhängigen — soweit beide sich deckten, damit auch von der Aktivgesamtheit — abgesplittert.

V.

1. Die Konkursaufhebung wirkt als solche nur Aufhebung des Konkursprozesses, des Konkursexekutionszustandes; speziell subjektiv bedeutet sie die Beseitigung der Konkursgesamtheiten und damit aller Gesamtheiten-Mitgliedschaften. Die Konkursansprüche läßt sie als solche unberührt. Deren Aufhebung gründet sich unmittelbar auf die Schlußverteilung und den Zwangsvergleich, die ihrerseits ja auch für die Konkursaufhebung das Motiv abgeben.

2. Die Konkursansprüche gehen unter individuell zufolge Untergangs des individuellen Konkursforderungstatbestandes, — insbesondere zufolge Konkursbefriedigung. Schlußverteilung und Zwangsvergleich heben generell für sämtliche Mitglieder der Passivgesamtheit, ohne Rücksicht auf individuelle Aktivgesamtheitsmit-

gliedschaft und individuelle Befriedigung, die Konkursansprüche auf, indem sie die Fortwirkung der Verletzung aus dem generell zugrundeliegenden Konkursgrund abreißen.

Schlußverteilung ist die naturgemäße, ihrem Wesenszwecke entsprechende Erledigung der Konkursansprüche: allen Konkursansprüchen ist die nach Lage der Massen größtmögliche Befriedigungsgelegenheit geboten worden. Der Zwangsvergleich als vorzeitige, „vor Genehmigung der Schlußverteilung" eintretende, gewaltsame Aufhebung vermag nur die nichtbevorrechtigten Konkursansprüche zu beugen; für die bevorrechtigten hat neben jedem Zwangsvergleich als besonderer Aufhebungsgrund eine partielle Schlußverteilung Platz zu greifen. Diese ist nicht die reguläre letztmögliche Verteilung einer unzulänglichen Aktivmasse, die Konkursnachwirkungen für die Spezialexekution gemäß § 164 Abs. 2 KO hinterlassen würde; sie ist „Berichtigung", letztnotwendige, der Passivmasse volle Befriedigung bietende Aktivmasseausschüttung, die sämtliche bevorrechtigten Konkursansprüche ohne jede Nachwirkung in die Spezialexekution beseitigt (§ 191 Abs. 2 KO).

Gegen sämtliche bisherigen nicht bevorrechtigten Passivgesamtheitsmitglieder wirkt der Zwangsvergleich die Reduktion der Vollstreckbarkeit mit dinglicher Kraft (§ 193 KO), anderseits eröffnet er die vergleichsmäßige Vollstreckung, die Spezialexekution mit den konkursmäßigen Garantien des Vergleichs, allen bisherigen nichtbevorrechtigten Aktivgesamtheitsmitgliedern als solchen (§ 194 KO) — der Zwangsvergleich perpetuiert damit, wie objektiv die Konkurslage, so subjektiv die Konkursgesamtheiten: die Konkursgesamtheiten werden als Vergleichs-Nachgesamtheiten in den konkursfreien Vollstreckungszustand hinein fortgesetzt.

3. So wirkt der Zwangsvergleich in erster Linie eine Spaltung der Gläubigerschaft. Auf Grund des Zwangsvergleichs haben lediglich die nichtbevorrechtigten Mitglieder der Konkurspassivgesamtheit ihre Konkursansprüche verloren, sie allein bleiben über die Konkursaufhebung hinaus weiter organisiert für die Vergleichswirkungen in den Nachgesamtheiten. Diese Passivnachgesamtheit ist die unmittelbare Fortsetzung der Konkurspassivgesamtheit; es gibt keinen Neueintritt; Ausscheidungen erfolgen nur durch Verlust des Konkursforderungstatbestandes oder Untergang

des Spezial-Exekutionsanspruchs.[3] Die Bevorrechtigten haben durch partielle Schlußverteilung ihre Konkursansprüche verloren — ohne jede Konkursnachwirkung: in der wiedereröffneten Spezialexekution stehen sie den Neugläubigern vollkommen gleich.

VI.

1. Die Generalgründe — Zwangsvergleich und Schlußverteilung — sind für die Prozeßaufhebung bloßes Motiv: auf ihr bloßes formellprozessuales Dasein hin, ohne Rücksicht auf ihre Gültigkeit und Wirksamkeit, wird der Konkursprozeß durch eigenen Aufhebungsbeschluß aufgehoben.

Aufhebung der Konkursansprüche wirken die Generalgründe nur, sofern sie wahrhaft bestehen und wirksam sind. Bei Scheinhaftigkeit oder Unwirksamkeit des Generalaufhebungsgrundes bleiben die Konkursansprüche bestehen, überdauern sie sowohl den Generalgrund als auch die Prozeßaufhebung.

Diejenige Verteilung, nach deren Vollzuge noch zurückbehaltene Beträge frei werden oder gezahlte Beträge zurückfließen, war nur dem formellen Schein nach eine Schlußverteilung; die Konkursansprüche überdauern sie deshalb, dauern fort bis zur Nachtragsverteilung als der wahren Schlußverteilung (§ 166 KO).

In bankruttverseuchter Konkurslage besitzen ausnahmsweise die einfachen Konkursansprüche die unbeugsame Lebenszähigkeit der bevorrechtigten: die bankruttgestärkten einfachen Konkursansprüche vermag ebenfalls nur eine Schlußverteilung aufzuheben. Sie überdauern den Zwangsvergleich und die begleitende Konkursprozeßaufhebung; auch quantitativ vermag der Zwangsvergleich die Vollstreckbarkeit ihrer Forderungen nicht zu reduzieren; in Wirksamkeit treten lediglich die Vergleichsgarantien.

Der Bankruttdeliktstatbestand paralysiert die Aufhebungswirkungen des Zwangsvergleichs, er unterhält damit indirekt die Fortwirkung der Konkursgrundsverletzung.

---

[3] Dieser ist quantitativ vergleichsmäßig reduziert, seine Befriedigung beschleunigen die Vergleichsgarantien, Vollbefriedigung ist ihm jetzt auch bei fortdauernder Gesamtinsolvenz ermöglicht durch die Präventionsfreiheit der wiedereröffneten Spezialexekution.

2. Die Gegenwirkung des Bankrutts reicht nicht weiter als die regelmäßige Wirksamkeit des Zwangsvergleichs. Die von der partiellen Schlußverteilung ausgelöste Aufhebung der bevorrechtigten Konkursansprüche bleibt vom Bankrutt unberührt. Fort wirken nur die Konkursansprüche der Nichtbevorrechtigten.

3. Auch im Bankruttfalle ist es wieder die perpetuierte Passivgesamtheit der Nichtbevorrechtigten, die als Zwangsvergleichspassiv-Nachgesamtheit nach Konkursprozeßaufhebung aus der Gläubigermasse hervorragt. Eigenartig sind nur ihre Wirkungen: es fehlen die Vergleichsbeschränkungen, sie ist eine reine Rechtsgemeinschaft: die Gemeinschaft der Inhaber fortdauernder Hauptkonkursansprüche, zugleich Anwärter der Vergleichsgarantien; dinglich berechtigt zu diesen Garantien sind unter ihnen die ehemaligen Aktivgesamtheiter mit fortwirkender Konkurstitulierung gemäß § 194 KO, vermehrt um nachträglich aufsteigende Inhaber eines eigenen Spezialtitels. Alle anderen: ehemalige Bevorrechtigte des Hauptkonkurses — ihres Konkursanspruchs beraubt lediglich durch die Partial-Schlußverteilung, ohne koinzidierende Individualbefriedigung —, Einzel-Ausgeschiedene, Neu-Gläubiger stehen, sämtlich ohne Konkursansprüche dieses Konkursprozesses, daneben in einer unterschiedslosen Masse.

Das ist die Gläubigergruppierung, wie sie die Konkurswiederaufnahme antrifft.

B.

Die Terminologie der §§ 196ff. KO differenziert nach der subjektiven Seite

„Gläubiger" — §§ 196, 197 Abs. 1, 197 Abs. 2 —,
„Konkursgläubiger" — § 198 Abs. 1 —,
„Gläubiger, für und gegen welche der Vergleich wirksam war" — § 200 Abs. 1 —, (mit „ursprünglichen Forderungen"),
„früher geprüfte Forderungen" — § 201 Abs. 2 —,
„neue Gläubiger" — § 200 Abs. 2 —.

Die rein prädikative Bezeichnung in § 200 Abs. 1 KO, verweist zurück auf den § 193 KO, das für die Vergleichswirksamkeit gewählte Imperfektum „war" — gerechtfertigt nur hinsichtlich des

„gegen" — sowie das ebenfalls zurückverweisende Attribut „ursprünglich" für die „Forderungen" nehmen unmittelbar Bezug auf die in § 197 Abs. 1 — parallel dem § 196 KO — normierte „Aufhebung des durch den Vergleich begründeten Erlasses." Es ist die Zwangsvergleichs-Passiv-Nachgesamtheit des § 193, die sowohl in den „Gläubigern" der §§ 196, 197 Abs. 1, wie in den „Gläubigern, für und gegen welche der Vergleich wirksam war" des § 200 Abs. 1 wiederkehrt, die Restgruppe der Inhaber von Hauptkonkursansprüchen.

Der „Konkursgläubiger" des § 198 Abs. 1 —, mit ihm der „Gläubiger" des § 197 Abs. 2 —, die „neuen Gläubiger" des § 200 Abs. 2 und die „früher geprüften Forderungen" des § 201 Abs. 2 KO werden erst genauerer systematisch-konstruktiver Betrachtung sich erschließen.

I.

1. Der Wiederaufnahmekonkurs ruht unmittelbar auf dem Wiederaufnahmegrund, erst durch dessen Vermittlung auf dem Hauptkonkursgrund. Relevant für ihn sind demgemäß nur aus dem Hauptkonkursgrunde erwachsene Konkursansprüche, aber auch diese nur dann, wenn sie durch den Wiederaufnahmegrund ihm vermittelt werden. Der Wiederaufnahmegrund aber vermittelt ausschließlich die Fortdauer der vom Hauptkonkurs-Zwangsvergleich betroffenen Konkursansprüche des Hauptkonkurses.

Treibende Kräfte des Wiederaufnahmekonkurses sind allein die fortdauernden Konkursansprüche des Hauptkonkurses.

2. Nicht jeder Inhaber des Konkursforderungstatbestandes zur Zeit der Wiederaufnahme als solcher kann im Wiederaufnahmekonkurs ohne weiteres auch als Konkursanspruchsinhaber auftreten. Es genügt nicht — wie bei Konkurseröffnung — die Konkursreife für den Moment der Begründung dieses neuen formellen Konkurszustandes; der Wiederaufnahmekonkursanspruch setzt voraus Konkursfälligkeit[4] für den Hauptkonkurs: Vorliegen des Konkursforderungstatbestandes bereits bei Hauptkonkurseröffnung und ununterbrochene Kontinuität der damals ausgelösten Kon-

[4] vgl. oben A II 2 b (S. 34).

kursansprüche, Fortdauer des Konkursforderungstatbestandes und Fortwirken der Konkursgrundverletzung, bis zur Wiederaufnahme.

Mangels Hauptkonkursfälligkeit haben keinen Wiederaufnahmekonkursanspruch die „Neu-Gläubiger“ des Hauptkonkurses — konkursreif geworden erst während Hauptkonkursanhängigkeit oder in der Zwischenzeit nach Hauptkonkursaufhebung. Weil es an der Kontinuität der Hauptkonkursansprüche fehlt — seit dem Abbruch der Fortwirkung der Konkursgrundverletzung durch die Partialschlußverteilung des § 191 Abs. 2 KO —, haben trotz Kontinuität des Konkursforderungstatbestandes keinen Konkursanspruch die Bevorrechtigten des Hauptkonkurses.

Die Voraussetzungen des Wiederaufnahmekonkursanspruchs decken sich mit den Bedingungen der Mitgliedschaft in der Zwangsvergleichs-Passiv-Nachgesamtheit: die Inhaber von Wiederaufnahmekonkursansprüchen sind identisch mit den Mitgliedern der Zwangsvergleichs-Passiv-Nachgesamtheit. Sie sind es, die im § 200 Abs. 1 auftreten.

II.

1. Formell, in ihrer Wirkung, ist die Wiederaufnahme, wie jede Konkurseröffnung, die Neubegründung des Konkurszustandes, der Konkursform; subjektiv speziell bedeutet sie die Konstituierung neuer Konkursgesamtheiten; es sind durchaus neue Gesamtheiten, die mit den parallelen Gesamtheiten des Hauptkonkurses in keinerlei Zusammenhang stehen.

2. Zur Teilnahme an der Konkursvollstreckung berechtigt, anderseits von den Konkursbeschränkungen dinglich betroffen: Zwangsmitglieder der Wiederaufnahme-Passivgesamtheit sind gemäß § 200 Abs. 1 KO die Zwangsvergleichs-Passivgesamtheiter, gemäß § 200 Abs. 2 KO die neuen Gläubiger.

Inhaber von Wiederaufnahmekonkursansprüchen sind nur die ersteren. Die neuen Gläubiger haben — zufolge des für sie begriffsbildenden Mangels der Hauptkonkursfälligkeit — niemals einen Wiederaufnahmekonkursanspruch, und gleichwohl werden auch sie in die Wiederaufnahme-Passivgesamtheit einbezogen.[5] Voraussetzung der Mitgliedschaft in der Wiederaufnahme-Passivgesamtheit ist sonach lediglich das Bestehen des Konkursforderungstatbestandes bei Wiederaufnahme, es genügt die Konkursfälligkeit für den Wiederaufnahmekonkurs selbst. Diese Voraussetzung erfüllen aber neben den ausdrücklich aufgeführten eigentlichen Neu-Gläubigern erst recht die noch ungetilgten Bevorrechtigten. *Alle Inhaber des Konkursforderungstatbestandes bei Wiederaufnahme, ohne Rücksicht auf Wiederaufnahmekonkursanspruch,* unterschiedslos, *werden Mitglieder der Wiederaufnahme-Passivgesamtheit.*[6]

Nach ihrem Tatbestande zur Zeit der Wiederaufnahme muß sich demgemäß auch die Art ihrer Teilnehmerstellung, insbesondere ihr Konkursrang, bestimmen.

3. Mit dem Mitgliederbestande der Passivgesamtheit des Hauptkonkurses deckt sich die Wiederaufnahme-Passivgesamtheit in den Zwangsvergleichs-Passiv-Nachgesamtheitern und den noch unbefriedigten Hauptkonkurs-Bevorrechtigten.

a) Nicht wiederzufinden sind alle diejenigen Mitglieder der Haupt-Passivgesamtheit, die in der Zwischenzeit individuell ihren Konkursforderungstatbestand, sei es durch Untergang des Anspruchsfundaments (durch Befriedigung, Erlaß, Verjährung usw.) oder der Konkursfähigkeit (durch individuellen Konkursverzicht usw.) wieder verloren haben. Neben untergegangenen Bevorrechtigten sind dies vor allem die aus der Zwangsvergleichs-Passivnachgesamtheit Ausgeschiedenen.

b) Umgekehrt sind neu hinzugekommen infolge nachträglicher Vollendung des individuellen Konkursforderungstatbestandes die „Neuen Gläubiger". Bei Hauptkonkurseröffnung hatte vielleicht

---

[5] „Neue Gläubiger" sind aber nicht nur diejenigen, die ihre Forderungen seit Aufhebung des früheren Verfahrens erworben haben (so *Endemann,* S. 612), sondern auch diejenigen, deren Forderungen bereits während des früheren Verfahrens entstanden sind (so auch: *Jaeger,* § 200 Anm. 3. — *v. Wilmowski,* § 200 Anm. 4).

[6] So auch: *Endemann,* S. 612. — *Fitting,* S. 452. — *Jaeger,* § 200 Anm. 3. — *Kohler,* Lehrbuch, S. 503/504. — *Oetker,* Fragen, S. 73. — *v. Sarwey-Bossert,* § 200 Anm. 3. — *Seuffert,* S. 451. — *F. Wach,* S. 67 — *v. Wilmowski,* § 200 Anm. 4.

das Anspruchs-begründende Rechtsverhältnis überhaupt noch nicht bestanden oder aber diesem für aus ihm erwachsende Ansprüche noch keine Konkursfähigkeit zugestanden; mindestens fehlte es noch an der Konkursreife: aus dem Rechtsverhältnisse war noch kein „begründeter Anspruch“ erwachsen,[7] die Konkursfähigkeit war noch nicht genügend entwickelt (noch befristete Forderung — Verfahrenszinsen, Verfahrenskosten).[8]

4. Aber auch innerhalb des beiderseits konstanten Mitgliederbestandes haben Veränderungen, Verschiebungen in der Mitgliedsstellung, stattgefunden.

a) Sowohl der Betrag wie die Intensität der Forderung können in der Zwischenzeit gemindert worden sein: die Forderung kann im Spezialexekutionszustande teilweise Befriedigung gefunden haben — Forderungen des § 61 KO rangieren, wenn zur Zeit der Wiederaufnahme die dort gesetzten Fristen bereits überschritten sind, nicht mehr unter den Bevorrechtigten[9] —; überdies kann der Gläubiger in der Zwischenzeit auf sein Vorrecht verzichtet haben.

b) Umgekehrt können Betrag wie Intensität in der Zeit seit Hauptkonkurseröffnung sich gesteigert haben.

c) Diese Verschiebungen der Mitgliedsstellung des Einzelnen sind in Wahrheit nur die mikroskopische Parallelerscheinung zu den Veränderungen des Mitgliederbestandes; was dort an den Mitgliedern als Einheiten vorging, wiederholt sich hier an den Elementen der Einzelmitgliedschaft. Die Betrags- und Intensitätsminderungen entsprechen den Mitgliederverlusten, der Betrags- und Intensitätszuwachs dem Hinzutritt der Neugläubiger. Für den Bereich des Zuwachses haben deshalb diese ehemaligen Mitglieder der Hauptkonkurs-Passivgesamtheit die Stellung von Neugläubigern. Insoweit steht ihnen demgemäß auch kein Konkursanspruch zur Seite.

d) Sowohl die Veränderungen des Mitgliederbestandes wie die Verschiebungen der Mitgliedsstellung in den Passivgesamtheiten

---

[7] Zu vgl. *Jaeger*, § 3 Anm. 16.

[8] So auch: *Fitting*, S. 452. — *Jaeger*, § 200 Anm. 1 und 3. — *Petersen-Kleinfeller*, §§ 184ff. Anm. 3. — *v. Sarwey-Bossert*, § 200 Anm. 3. — *F. Wach*, S. 68. — *v. Wilmowski*, § 200 Anm. 1[1].

[9] So auch: *Jaeger*, § 200 Anm. 2. — Abw.: *Roeder*, S. 37. — *v. Sarwey-Bossert*, § 200 Anm. 3. — *v. Wilmowski*, § 200 Anm. 2.

sind durchweg in Veränderungen des individuellen Konkursforderungstatbestandes begründet.

5. Jenseits des Verhältnisses der beiden Passivgesamtheiten liegen Veränderungen der rein formell-prozessualen Stellung im formellen Verfahren. So kann z. B. die formelle Befriedigungskraft der Forderung, ihre „Berücksichtigungs"-Fähigkeit im Verteilungsverfahren, sich gesteigert haben, indem der Zurückbehaltungsanspruch des § 168 KO zufolge zwischenzeitlicher Widerspruchserledigung, Bedingungserfüllung, Ausfallsermittlung, Sicherheitsleistung zum Auszahlungsanspruch sich gewandelt hat.

6. Wesentliche Erscheinungen des Wiederaufnahmekonkurses sind nur diejenigen Veränderungen, die ihrer Natur nach erst im Wiederaufnahmekonkurs sich geltend machen konnten. Den Neugläubigern (3b) und ebenso den Altgläubigern hinsichtlich eines Neuzuwachses (4b) fehlte es von vornherein und für alle Zukunft dem Hauptkonkurse gegenüber an der Konkursfälligkeit. Erst nach Wiederbeseitigung der fortwirkenden „Eröffnung des Verfahrens" durch die Hauptkonkursaufhebung, erst einer neuen Verfahrenseröffnung gegenüber, konnte der Ablauf der in § 61 KO gesetzten Fristen (4a) seine Wirkungen äußern.

Dagegen der Tatbestandsverlust (3a) oder die Betragsminderung (4a), erst recht die rein formell-prozessualen Erscheinungen (5) hätten bereits im Hauptkonkurse sich geltend machen können, wenn nur dieser lang genug gedauert hätte. Hauptkonkursaufhebung und Wiederaufnahme sind für sie unerheblich; daß sie tatsächlich erst im Wiederaufnahmekonkurs sich bemerkbar machen, ist ein rein zufälliges zeitliches Zusammenfallen.

III.

Die Wiederaufnahme-Passivgläubigerschaft umfaßt sonach zwei Sorten Gläubiger: Gläubiger mit Konkursanspruch und Gläubiger ohne Konkursanspruch.

1. Die Konkursordnung bringt diesen Gegensatz zum Ausdruck in der differenzierenden Fassung des § 200: unmittelbar „an dem Verfahren teilnehmen" läßt Absatz 1 nur die Vergleichsgläubiger;

anhangsweise bringt dann der Absatz 2 „die neuen Gläubiger", sagt von ihnen aber nur, daß sie „zur Teilnahme berechtigt" seien. Unbewußt vielleicht, gibt sie damit dem sie beherrschenden, ihren Willensanordnungen zugrunde liegenden Gefühle einer verschiedenen Intensität des Verfahrensinteresses Ausdruck.[10]

2. Die noch ungetilgten Konkursansprüche der Vergleichsgläubiger allein haben ein Interesse am Bestehen des Konkurszustandes; an dem Wiederaufnahmekonkursprozeß als Ganzem sind nur sie interessiert.

a) Deshalb sind einmal in allen Existenzfragen des Prozeßtatbestandes — für die Frage: ob Wiederaufnahmekonkursprozeß überhaupt sei — allein die mit Konkursansprüchen ausgerüsteten Vergleichsgläubiger maßgeblich.

Ihre Initiative allein vermag den Wiederaufnahmekonkursprozeß ins Leben zu rufen, aus ihren Reihen rekrutiert sich der zum Antrag auf Konkurswiederaufnahme legitimierte Konkursgläubiger des § 198 KO[11] — nur im Antrage eines Vergleichsgläubigers macht ein Konkursprozeßbedürftiger Konkursanspruch sich geltend. Unbeachtlich ist deshalb auch der Wiederaufnahmeantrag eines Hauptkonkurs-Bevorrechtigten.[12]

---

[10] Vgl. *Roeder*, S. 45.

[11] So: Motive, S. 428. — *Endemann*, S. 610/611. — *Fitting*, S. 450/451. — *Jaeger*, § 198 Anm. 3. — *Oetker*, Grundbegriffe, S. 194; Fragen, S. 77. — *Petersen-Kleinfeller*, §§ 184f. Anm. 1. — *v. Sarwey-Bossert*, § 198, Ann. 1[1]. — *Seuffert*, S. 448. — *v. Wilmowski*, § 198 Anm. 2.

Abw. (auch die neuen Gläubiger): *Kohler*, Lehrbuch, S. 501; Leitfaden, S. 297.

[12] So auch: *v. Sarwey-Bossert*, § 198 Anm. 1[1]. — *Seuffert*, S. 448 — Abw. (jeder ehemalige Gläubiger des Hauptkonkurses): *Endemann* S. 610/611. — *Fitting*, S. 450/451. — *Jaeger*, § 198 Anm. 3. — *Kohler*, Lehrbuch, S. 501; Leitfaden, S. 297. — *Oetker*, Grundbegriffe, S. 193; Fragen, S. 77. — *F. Wach*, S. 64. — (Auch bevorrechtigte Konkursgläubiger Absonderungsberechtigte, Massegläubiger): *Roeder*, S. 43.

Dem Gemeinschuldner fehlt es von vornherein an jedem Wiederaufnahmeinteresse: ist doch die Konkurswiederaufnahme ihrem Wesen nach eine Schutzmaßnahme im einseitigen Interesse der Gläubigerpartei. — Vgl. oben: zweiter Teil B II 1 — *Jaeger*, § 198 Anm. 3. — *Kohler*, Lehrbuch, S. 501; Leitfaden, S. 297. — *Oetker*, Fragen, S. 77.

Ihr Konkursinteresse allein ist die Grundlage des Fortbestandes des Wiederaufnahmekonkursprozesses; ihre Erledigung bedeutet das Signal, Motiv zur Konkursprozeßbeendigung. Schon die Zustimmung sämtlicher Vergleichsgläubiger erfüllt den Tatbestand des Gantverzichts, ist ausreichende Grundlage für eine Einstellung nach §202 KO. Schlußverteilung des Wiederaufnahmekonkurses ist bereits diejenige Verteilung, die sämtlichen zur Zeit zu berücksichtigenden — titulierten und die Liquidation betreibenden untitulierten — Konkursansprüchen volle Berücksichtigung gewährt, mit dieser Verteilung ist sämtlichen Konkursansprüchen volle Befriedigungsgelegenheit geboten worden; es ist die letzt-notwendige Verteilung; das Konkursverfahren ist daraufhin aufzuheben — mögen auch der unverteilten Restmasse noch unbefriedigte, berücksichtigungsfähige Neu-Gläubiger gegenüberstehen. Nachtragsverteilung findet nur im Interesse unbefriedigter, berücksichtigungsfähiger Vergleichs-Gläubiger statt, kann nur einer solchen Schlußverteilung im formellen Sinne folgen, welche auch den Vergleichsgläubigern gegenüber eine bloß letzt-mögliche war, ihnen keine Vollbefriedigung eröffnete.

b) Die Vergleichsgläubiger allein bestimmen auch den Umfang der Wirksamkeit des bestehenden Wiederaufnahmekonkursprozeßtatbestandes, seine Abgrenzung nach außen gegenüber der Spezialexekutionssphäre.

Sie bestimmen den Umfang der Wiederaufnahmemasse. Ihr Beschluß genügt zur Freigabe eines Massestücks. Ohne ihren Willen darf der Wiederaufnahme-Konkursverwalter kein Anfechtungsrecht ausüben.

3. Alle anderen, Neu-Gläubiger wie Bevorrechtigte, sind Mitglieder der Wiederaufnahme-Passivgesamtheit nicht auf Grund eines Konkursanspruches. Sie können einen Konkursanspruch haben: ist er von einem neuen Konkursgrunde ausgelöst, so fehlt es von vornherein am Konkursgrund-Zusammenhang; aber auch ein vom fortbestehenden Hauptkonkursgrunde nachträglich ausgelöster Konkursanspruch ist irrelevant für den Wiederaufnahmekonkurs, weil er ihm nicht durch den Wiederaufnahmegrund vermittelt wird.

a) Vor dem Wiederaufnahmekonkursprozesse, außerhalb desselben, steht ihnen diesem gegenüber keinerlei Konkursrecht zu. Sie haben keinerlei Interesse am Bestehen dieses Wiederaufnahmekonkursprozesses: daß dieser Konkurszustand bestehe. Alle ihre Rechte zu diesem Konkursprozesse datieren erst von seiner Eröffnung, werden erst durch die Wiederaufnahme selbst ausgelöst: wenn und soweit einmal der Wiederaufnahmekonkurszustand besteht, insoweit sind sie zur Teilnahme heranzuziehen. Aus der negativen Wirkung des Konkursprozesses — Ausschluß jeder Spezialrechtsverfolgung gegenüber diesem Vermögen — folgt als positives Äquivalent ihre Miteinbeziehung in die Konkursrechtsverfolgung. In der Universalität der Konkursorganisation — subjektiv gesprochen: in der „par condicio" ist ihre Konkursprozeßmitgliedschaft begründet. In der Aufrechterhaltung der par condicio erschöpft sich aber auch ihre Rechtsstellung; ihr Anspruch geht auf Gleichstellung mit den Konkursanspruchsinhabern im Konkursprozesse, ist sonach ein bloßer Konkurrenzanspruch.

b) Demgemäß stehen sie diesen vollkommen gleich, soweit es sich um die Ausnutzung des konstituierten Konkurszustandes handelt. Sie haben materiell den vollen Konkursvollstreckungsgenuß — auch ihnen gegenüber besteht die Unwirksamkeit des § 7 und der §§ 29ff. KO, sie sind bei der Verteilung, auch eines Anfechtungserlöses, in gleicher Weise zu berücksichtigen — und nehmen formell vollen Anteil am Vollstreckungsbetrieb — Konstituierung der Prozeßorgane, Liquidation und Opposition im Erkenntnisverfahren, Verwaltung und Verwertung der Masse, Direktion des Teilungsverfahrens.

c) Aber keinen Einfluß haben sie auf den Bestand des Wiederaufnahmekonkursprozesses. Wie sie ihn nicht beantragen können, so können sie auch nicht durch Gantverzicht ihn erledigen.

Sie haben auch im Prozesse keinen Anspruch auf größtmögliche Befriedigung im Konkurszustande, für eine Schlußverteilung oder einen Zwangsvergleich fehlt es ihnen gegenüber danach von vornherein am tauglichen Objekt. Ihr *Konkurrenzanspruch, gerichtet lediglich auf Mitbefriedigung, solange die Konkursansprüche Konkursbefriedigung suchen*, wird aufgehoben: individuell durch Verlust des Konkursforderungstatbestandes — generell ausschließlich mit Wegfall des Konkurrenzreizes, d. h. mit Wiederaufhebung der par condicio, Prozeßaufhebung, veranlaßt durch die Konkursansprüche.

d) In dieser Abhängigkeit der Existenz, insbesondere der sofortigen Hinfälligkeit mit Erledigung der Hauptgebilde, finden die Konkurrenzansprüche ein Seitenstück in der unselbständigen Anschlußberufung (§§ 521, 522, Abs. 1 ZPO).

4. Der Rechtsgehalt des Konkurrenzanspruchs erscheint nach alledem als bloßer Ausschnitt, als ein herausgeschältes Minus des Inhalts des normalen Konkursanspruchs. Er bedeutet die Isolierung der rein innerprozessualen Stellung in der par condicio, der spezifischen Rechtswirkungen der Mitgliedschaft in der Konkurs-Passivgesamtheit. Der Konkursanspruch behält vor ihm voraus die vor dem Konkursprozeß begründeten und unabhängig von diesem bestehenden überprozessualen Rechtsschutzelemente, aus denen jene Dispositionsmacht über das Prozeß-Ganze entspringt, wie sie dem normalen Konkursanspruche wesentlich ist.

5. Stellt das Fehlen der überprozessualen Dispositionsmacht eine ungewöhnliche Schwäche der Konkurrenzansprüche gegenüber den normalen Konkursansprüchen dar, so sind weiterhin die Hauptkonkursansprüche im Wiederaufnahmekonkurse mit ungewöhnlichen, den normalen Konkursansprüchen nicht zukommenden Vorteilen ausgestattet: sie bedürfen keines gegenwärtigen Konkursgrundes zur Begründung der Konkursanhängigkeit, ihr Auftreten im Verfahren ist ihnen ungewöhnlich erleichtert durch den § 201.

6. Der Mangel der überprozessualen Dispositionsmacht bei den Konkurrenzansprüchen einerseits — die Ausstattung der Konkursansprüche mit den spezifischen Wiederaufnahmevorteilen anderseits, sie begründen eine formelle Vorrechtsstellung der Hauptkonkursanspruchsinhaber im Wiederaufnahmekonkurse.

7. Dieser Dualismus von Konkursansprüchen und Konkurrenzansprüchen geht durch den gesamten subjektiven Entwicklungsgang hindurch: er beherrscht nicht nur die Berechtigtengesamtheiten: die Passivgesamtheit und mit ihr die Aktivgesamtheit, er spaltet auch die Liquidanten in Konkursanspruchs-Prätendenten und Konkurrenzanspruchs-Prätendenten. Der begrifflich das Minus des Konkursanspruchs darstellende Konkurrenzanspruch bietet hier den Vorteil der Subsidiarstellung: dem Konkursanspruchsinhaber steht es frei, zwecks Vereinfachung des Beweises bloß auf

Konkurrenzanspruch zu liquidieren, nach Widerlegung der Konkursanspruchsbehauptung ist immer noch auf den Tatbestand des Konkurrenzanspruchs zu prüfen.

8. Die Konkurrenzanspruchsinhaber können aber gleichzeitig — zufolge nachträglichen Konkursgrundes — mit einem anderweiten, nicht durch den Wiederaufnahmegrund vermittelten Konkursanspruch versehen sein. Diese anderweiten Konkursansprüche würden ihnen in einem Neukonkurse das gleiche überprozessuale Dispositionsrecht gewähren, wie es den Konkursanspruchsinhabern von vornherein im Wiederaufnahmekonkurs zukommt. Auch sie können sich nun dasselbe bereits im Wiederaufnahmekonkurs verschaffen; es bedarf nicht erst vorgängiger Beendigung des Wiederaufnahmekonkurses und der Eröffnung eines solchen Neukonkurses. Auf den Antrag eines solchen Neukonkursanspruchs-Inhabers wird einfach der Wiederaufnahmekonkurs von da an als Neukonkurs — d. h. mit Dispositionsmacht auch der Neu-Gläubiger — weiter betrieben, und werden den Inhabern von Hauptkonkursansprüchen in demselben die spezifischen Wiederaufnahmekonkurs-Vorteile weiter gewährt.

Auf einen derartigen Mischkonkurs mit Dispositionsmacht sämtlicher Passivgesamtheitsmitglieder und Sonderbehandlung der Inhaber von Hauptkonkursansprüchen lediglich hinsichtlich der spezifischen Wiederaufnahmevorteile wird man auch zuzukommen haben, wenn bei Stellung des Wiederaufnahmeantrags bereits ein Neukonkurs schwebt.[13]

[13] Abw. die herrschende Lehre: *Jaeger*, § 198, Anm. 5 und die dort zitierte weitere Literatur.

Vierter Teil.

Das Erkenntnisverfahren insbseondere.

Das Erkenntnisverfahren des Wiederaufnahmekonkurses wird geregelt in § 201 Abs. 2 KO. Diese Bestimmung knüpft unmittelbar an das Erkenntnisverfahren des Hauptkonkurses an, setzt daher zu ihrem vollen Verständnis eine genaue Gliederung des Konkurserkenntnisverfahrens im allgemeinen voraus. Dieses hat die wesentlichen Bestandteile jedes Erkenntnisverfahrens mit dem Erkenntnisverfahren des Spezial-Rechtsverfolgungszustandes gemein; durch dessen Analyse sind daher zunächst die elementarsten Grundzüge festzustellen.

A.

1. Jede Vollstreckung dient der Befriedigung der aus dem Titel entspringenden Vollstreckungsrechte, hat also zur Grundlage den Titel, das publizistisch-dingliche Recht am Titel. Dieses Recht setzt zu seiner Entstehung voraus die Unstreitigkeit des publizistisch-obligatorischen Rechts auf den Titel gegenüber dem Vollstreckungsgegner. Der Titelanspruch kann von vornherein unstreitig sein; andernfalls ist seine Unstreitig-Stellung im Erkenntnisverfahren zu betreiben.

2. Mit Unstreitigkeit des Titelanspruchs hat der Betreibende den erstrebten Titel erreicht, bereits mit Unstreitigkeit findet daher das Erkenntnisverfahren seinen Abschluß. Die Prozeß-„Erkenntnis“ ist deshalb in erster Linie eine Willensfrage, eine Frage der Streiterhebung des Titelgegners gegenüber dem Titelbegehren. Erst sekundär, nur insoweit überhaupt der Titelgegener den Streitwillen erklärt hat, greift eine wirkliche Erkenntnistätigkeit Platz: der durch die Streiterhebung begründete Streit wird erledigt mit Hilfe des bis zum Abschlusse dieses Erkenntnisverfahrens begrün-

deten, diesem Erkenntnisverfahren unterliegenden Erkenntnisstoffs.

3. Der logischen Gliederung der Prozeßerkenntnistätigkeit entsprechend ist das Gesamt-Erkenntnisverfahren gegliedert in ein Streiterhebungs- und ein Streiterledigungsverfahren. Der Abschluß des Streiterhebungsverfahrens verschließt präklusivisch jede neue Streiterhebung in diesem Erkenntnisverfahren: nur ein bis zu diesem Streiterhebungsverfahrens-Abschluß erhobener Streitwille ist für dieses Erkenntnisverfahren beachtlich.

Ist bis zum Streiterhebungsverfahrens-Abschlusse kein Streit erhoben, so bedeutet der Streiterhebungsverfahrens-Abschluß — mangels Streiterhebung — zugleich den sofortigen Abschluß des Gesamt-Erkenntnisverfahrens. Nur bei vorgängiger Streiterhebung des Titelgegners eröffnet der Abschluß des Streiterhebungsverfahrens zunächst ein Streiterledigungsverfahren. In diesem verdichtet der Streiterhebungsverfahrens-Abschluß sich allmählich zu dem in diesem Falle erst mit dem Abschlusse des Streiterledigungsverfahrens eintretenden Gesamt-Erkenntnisverfahrens-Abschluß.

4. Die Verfahrensabschlüsse wirken Präklusionen für den Erkenntnisstoff. Der Abschluß des Gesamt-Erkenntnisverfahrens wirkt *materielle Präklusion* für den gesamten bis dahin begründeten Erkenntnisstoff: er verschließt diesen Stoff schlechtweg für jede weitere Erkenntnistätigkeit, als Streitmittel zur Streiterledigung. Diese materielle Präklusion stellt sich entweder zugunsten oder zuungunsten des Liquidanten. Die zugunsten des Liquidanten eintretende materielle Präklusion — im folgenden als „materielle Präklusion" schlechtweg bezeichnet — basiert stets auf der an den Streiterhebungsverfahrens-Abschluß sich knüpfenden, stets zugunsten des Liquidanten wirkenden *formellen Präklusion.* Diese formelle Präklusion verschränkt den Erkenntnisstoff auf die Erledigung des bis dahin erhobenen Streitwillens: soweit kein Streitwille bis dahin erhoben ist, ist der Erkenntnisstoff überhaupt präkludiert; im übrigen darf er nur zur Erledigung des bis dahin erhobenen Streitwillens verwendet werden. Die formelle Präklusion erstreckt sich stets auf den bis zum Streiterhebungs-Abschluß begründeten Erkenntnisstoff — Vergangenheitswirkung. Soweit der Streiterhebungs-Abschluß ursprüngliche Unstreitigkeit ergibt, verdichtet sie sich sofort, momentan zu materieller Präklusion für eben diesen Ver-

gangenheitsstoff. Soweit dagegen der Streiterhebungsabschluß ein Streiterledigungsverfahren eröffnet, vollzieht diese Verdichtung sich allmählich im Laufe des Streiterledigungsverfahrens und greift zugleich die formelle Präklusion über auf den während dieses Streiterledigungsverfahrens neu hinzu begründeten Erkenntnisstoff — Zukunftswirkung.

Stets, auch für den Bereich der Zukunftswirkung, ist die Erkenntnisstoff-Präklusion das Gegenstück einer Streiteröffnung: für allen, auch den Zukunftsstoff, war den Parteien vor Eintritt der Präklusion Gelegenheit zur Geltendmachung geboten.

5. Indem der Abschluß des Gesamt-Erkenntnisverfahrens den bis dahin begründeten Erkenntnisstoff materiell präkludiert, aus dem Bereiche der Erkenntnistätigkeit schlechthin ausschließt, löst er zugleich für den Verfahrensgegenstand, den Titelanspruch, das Verfahrensergebnis aus.

Das Ergebnis kann sich stellen zuungunsten des Titelimploranten als endgültige Unerstreitbarkeit des Titelanspruchs; sie tritt ein bei Behauptung, Perpetuierung des vom Titelgegner erhobenen Streitwillens im Streiterledigungsverfahren.

Mangels Streitwillenserhebung — unmittelbar mit Abschluß des Streiterhebungsverfahrens — oder nach Beseitigung, Niederkämpfung erhobenen Streitwillens im Streiterledigungsverfahren ergibt das Erkenntnisverfahren zugunsten des Titelimploranten sofortige bez. nachträglich erkämpfte Unstreitigkeit. Diese Unstreitigkeit fußt, wie die „materielle Präklusion zugunsten", stets — unmittelbar bez. mittelbar — auf dem Streiterhebungsverfahrens-Abschluß.

Unerstreitbarkeit bedeutet die Feststellung des Nichtbestehens, Unstreitigkeit bedeutet die Feststellung des Bestehens des Titelanspruchs — und zwar in dem dem Erkenntnisverfahrens-Abschlusse zugrunde liegenden Augenblicke.

6. Rechtsgrundlage des Fortbetriebes der Vollstreckung ist das fortbestehende Titelrecht. Dessen Bestehen hat aber das der Titulierung vorangegangene Erkenntnisverfahren festgestellt nur für den Moment seines Abschlusses. Sein Fortbestehen wird durch nichts garantiert, durch Tilgung usw. kann es nachträglich wieder erloschen sein; auch nach Titulierung besteht somit das Bedürfnis nach Erkenntnisverfahren.

Mit der Titulierung ist aber das Vollstreckungsstadium eröffnet, haben die Bedingungen sich verschoben, unter denen die Erkenntnistätigkeit sich abzuwickeln hat. Der durch die Titulierung verliehene Titel-Quasi-Besitz begründet die Vermutung für das Bestehen des Titelrechts: der Titulierte ist legitimiert als Titelberechtigter; bis zur Zerstörung dieser Vermutung bleiben alle Veränderungen am Titelrechte, die in dem nach Titulierung neu hinzugekommenen Erkenntnisstoff begründet sind, für den Vollstreckungsbetrieb unbeachtlich. Hatte vor der Titulierung, im Erkenntnisstadium, der Vollstreckungsuchende das Erkenntnisverfahren zu betreiben als Condicio sine qua non der Titel-Erlangung, so ist es nunmehr, nach Titulierung, im Vollstreckungsstadium, Sache des Vollstreckungsgegners, den ohne neues Erkenntnisverfahren fortbestehenden und den Vollstreckungsgenuß immer weiter gewährenden Titelbesitz im Wege der Vollstreckungsgegenklage wieder zu entreißen.

Der der Titulierung zugrunde liegende Abschluß des Erkenntnisstadiums, die Verschließung der bequemeren Bahnen des Erkenntnisstadiums für jede weitere Erkenntnis, bedeutet eine zugunsten des Titelbegehrenden, zu Lasten des Titelgegners wirkende *funktionelle Präklusion* der gesamten Erkenntnistätigkeit.

Diese Präklusion tritt ein mit demjenigen Erkenntnisverfahren, von dessen Abschluß unmittelbar die Titulierung erstrebt wird; der Streiterhebungs-Abschluß dieses Erkenntnisverfahrens verschließt neue Streiterhebung nicht nur für den Erkenntnisstoff in diesem Erkenntnisverfahren, sondern zugleich für jede Erkenntnistätigkeit im Erkenntnisstadium. Diese Streiterhebungsverschließung verdichtet sich — mangels Streiterhebung momentan oder im Laufe eines Streiterledigungsverfahrens allmählich — zur Verschließung jeder Erkenntnistätigkeit im Erkenntnisstadium, zum Erkenntnisstadiums-Abschluß.

In diesem einen entscheidenden Erkenntnisverfahren äußern sonach die Abschlüsse des Streiterhebungsverfahrens und des Gesamterkenntnisverfahrens neben der jedem Erkenntnisverfahren wesentlichen Präklusion des Erkenntnisstoffs zugleich funktionelle Präklusion für die gesamte Erkenntnistätigkeit.

B.

1. Konkursvollstreckung ist Gesellschaftsvollstreckung, Mitvollstreckung in der par condicio creditorum; Konkursvollstreckungstitel ist die Mitgliedschaft in der Vollstrecker-Gemeinschaft, in der Konkurs-Aktivgesamtheit. Titelgegner sind daher im Konkurse neben dem Vollstreckungsschuldner alle Mitvollstrekkungsberechtigten. Voraussetzung der Konkurstitulierung ist die Unstreitigkeit des Titelrechts gegenüber dem Schuldner und sämtlichen Mitgliedern der Konkurs-Passivgesamtheit. Demgemäß setzt das Konkurs-Erkenntnisverfahren sich zusammen aus einer Vielheit von Individual-Erkenntnisverfahren.

2. Diese einzelnen Individual-Erkenntnisverfahren laufen nun aber nicht vollkommen unabhängig nebeneinander her: im Interesse des Konkurszweckes, der Erreichung einer einheitlichen Konkurserkenntnis und einheitlicher Konkurstitulierung wird die Individualfreiheit der einzelnen Titelgegner beschnitten, tritt über die Individual-Streiterhebungspräklusion die *generelle Konkurs-Streiterhebungspräklusion.*

Die sämtlichen Individual-Streiterhebungsverfahren sind in einen Termin, den Prüfungstermin, zusammengelegt; der Abschluß dieses Prüfungstermins wirkt Streiterhebungspräklusion für das Gesamt-Konkurserkenntnisverfahren gegenüber sämtlichen Titelgegnern.

a) Durch diese Konkurspräklusion ist zunächst allen Nachzüglern, die zur Zeit des Prüfungstermins am Konkursverfahren sich überhaupt noch nicht aktiv beteiligt haben, in diesem Prüfungstermin jedenfalls garnicht aufgetreten sind, die Nachholung der Streiterhebung gegenüber dem Liquidat verschlossen. Diese Seite der Konkurs-Streiterhebungspräklusion, ihre spezifische Vergangenheitswirkung ist lediglich ein Ausfluß jenes allgemeinen Prinzips der Konkursorganisation, daß die jeweilig aktuellen Gläubiger den Prozeß führen mit Wirkung gegen sämtliche Passivgesamtheitsmitglieder.

b) Die Konkurs-Streiterhebungspräklusion erstreckt sich auf allen bis zum Abschlusse des Konkurs-Gesamterkenntnisverfahrens begründeten Erkenntnisstoff. In dieser ihrer spezifischen Zukunftswirkung bedeutet sie die zeitliche Ausdehnung der Individual-Präklusion: während die Individual-Präklusion mangels Streiterhebung dieses Titelgegners nur bis zum Prüfungsabschluß, im Falle seiner Streiterhebung nur bis zum Abschluß seines individuellen Liquidationsprozesses reicht, dehnt die Konkurs-Präklusion im Falle irgendeiner Streiterhebung sich aus für sämtliche Titelgegner bis zum Abschlusse des letzten Liquidationsprozesses — also über den Abschluß des Individual-Erkenntnisverfahrens des einzelnen Titelgegners hinaus: sie umfaßt sonach auch nach dem Individual-Abschluß begründeten Erkenntnisstoff, welchen der einzelne Titelgegner niemals geltend zu machen in der Lage war, hinsichtlich dessen für ihn niemals zuvor überhaupt der Streit eröffnet worden war. Mit Wirkung gegen alle Passivgesamtheitsmitglieder handelt hier der letzte Opponent!

Diese Seite der Konkurs-Präklusion ist eine singuläre Erscheinung spezifisch des Konkurs-Erkenntnisverfahrens; geboten ist sie unmittelbar zur Ermöglichung der Konkurstitulierung, die einen einheitlichen Erkenntnisverfahrens-Abschluß allen Gegnern gegenüber für ein und denselben Moment voraussetzt.

Das ganze Konkurs-Erkenntnisverfahren wird demgemäß beherrscht von dem Dualismus der Individual- und der Konkurspräklusionen.

Die an den Abschluß der „Erörterung" des Liquidats im Prüfungstermin (§ 141 KO) sich knüpfende formelle Individual-Präklusion erstreckt sich auf den bis zum Abschluß dieses Individual-Erkenntnisverfahrens begründeten Erkenntnisstoff. Dieses Individual-Erkenntnisverfahren findet seinen Abschluß mangels Streiterhebung dieses Titelgegners bereits mit Prüfungsabschluß, bei Streiterhebung dieses Titelgegners mit dem Abschlusse dieses Liquidationsprozesses.

Die an den Prüfungsabschluß sich zugleich knüpfende formelle Konkurs-Präklusion ergreift den gesamten bis zum Abschluß des

Konkurs-Erkenntnisverfahrens begründeten Erkenntnisstoff. Das Konkurs-Erkenntnisverfahren aber findet seinen Abschluß: mit Prüfungsabschluß bereits nur mangels jedweder Streiterhebung irgend eines Titelgegners — bei Streiterhebung auch nur einiger weniger Titelgegner dagegen, für sämtliche Titelgegner, erst mit Abschluß des entscheidenden Liquidationsprozesses. Entscheidender Liquidationsprozeß aber ist je nach dem Ergebnisse: der erste mit Unerstreitbarkeit endende oder der letzte mit Unstreitigkeit endende Liquidationsprozeß.

Die Unstreitigkeit und damit das Bestehen des Titelanspruches ist festgestellt dem einzelnen Titelgegner gegenüber: auf Grund der Individual-Präklusion nur für den Moment des Abschlusses seines Individualprozesses — darüber hinaus bis zum Moment des Abschlusses des Konkurs-Erkenntnisverfahrens: lediglich auf Grund der generellen Konkurs-Präklusion.

3. Der Konkurszustand ist kein Dauerzustand, vielmehr eine nur vorübergehende Unterbrechung oder besser: besondere Zuspitzung des Normalzustandes der Spezial-Exekution. Etwaige Erkenntnisverfahren des voranliegenden Spezial-Exekutionszustandes stehen zu den Individualprozessen des Konkurs-Erkenntnisverfahrens wie Vorverfahren; die Individualprozesse in ihrer Streiterledigung, die Liquidationsprozesse, bauen sich allenthalben auf diesen Vorverfahren auf: materielle wie formelle Erkenntnisstoffpräklusion, ja sogar die jeweilige Verdichtung der formellen Präklusion, die Prozeßlage (Aufnahme der Vorprozesse in der alten Lage! (§ 146 Abs. 3) wirken über; Titulierung aus der Vor-Konkurszeit drängt den Opponenten in die Stellung des Judikatsklägers.

4. Weil das Konkurs-Erkenntnisverfahren sofortige Konkurstitulierung anstrebt, knüpft an den Prüfungsabschluß sich neben der Erkenntnisstoff-Präklusion zugleich die *funktionelle Präklusion des Erkenntnisstadiums:* geprüfte Forderungen werden einer Prüfung nie wieder unterzogen, erneute Erkenntnistätigkeit gibt es nur in den Formen der Vollstreckungsgegenklage!

C.

Sedes materiae für das Erkenntnisverfahren des Wiederaufnahmekonkurses ist der § 201 Abs. 2 KO:

> „Früher geprüfte Forderungen werden nur hinsichtlich einer inzwischen eingetretenen Tilgung von neuem geprüft.“

Gesetzestechnisch ist es in einem Absatz 2 angefügt dem Absatz 1:

> „Das Verfahren wird soweit als nötig wiederholt.“

I.

1. „werden von neuem geprüft“:

Der § 201 Abs. 2 handelt also von der Prüfung im Wiederaufnahmekonkurs. Zu der allgemeinen dem gesamten Konkurs-„Verfahren“ im Sinne des zweiten Buches der KO (§§ 71 bis 238) geltenden Bestimmung des Abs. 1 fügt er eine Spezialregelung für die §§ 141 bis 145 KO, für einen Ausschnitt aus dem Rechte der „Schuldenmasse“.

„Forderungen“ ist, wie schon im § 200 Abs. 1 KO und durchgehends in der Konkursordnung, die abgekürzte Bezeichnung für „Konkursforderungen“, Passivmitgliedschaftstatbestand. Bedeutet indessen „Forderungen“ in § 200 Abs. 1 KO, der die materielle Teilnahmeberechtigung, die Passivmitgliedschaft, regelt, die wirklich bestehenden Forderungsrechte im Sinne von § 3 KO, so erscheinen in § 201 Abs. 2 KO die „Forderungen“ im Sinne der Lehre von der Schuldenmasse, die Forderungen als Gegenstand der Anmeldung, die bloßen Forderungsprätensionen, die Liquidate des Wiederaufnahmekonkurses; sie umfassen alle Prozeß-Anhängigen, Gemeldeten des Wiederaufnahmekonkurses als solche, ohne Rücksicht auf wirklich zustehende Passivmitgliedschaft. — Aus ihnen werden herausgegriffen die „früher geprüften“ Forderungen. Die „frühere“ Prüfung steht im Gegensatz zur „Prüfung von neuem“. Sie liegt vor der hier behandelten Prüfung des Wiederaufnahmekonkurses, kann also nur eine Prüfung des Hauptkonkurses sein. „Früher geprüfte Forderungen“ sind alle diejenigen Liquidate des Wiederaufnahmekonkurses, die bereits eine Prüfung des Hauptkonkurses — sei es im allgemeinen oder in einem besonderen Prüfungstermin — passiert haben. Im Gegensatz zu ihnen stehen, vom Geltungsbereich des § 201 Abs. 2 KO ausgeschlossen werden lediglich diejenigen Liquidate des Wiederaufnahmekonkurses, die im Hauptkonkurse überhaupt nicht angemeldet waren, oder zwar angemeldet, aber nicht mehr zur Prüfung gelangt[1] waren. Für die Zugehörigkeit zu den früher geprüften Forderungen ist unerheblich die Rechtsstellung im Hauptkonkurse: ob die Forderung Mitglied der Hauptkonkurspassivgesamtheit war; unerheblich ist auch das Prüfungsergebnis: festgestellt oder streitig geblieben. Als früher geprüfte Forderungen — hierin allein beruht ihre gemeinsame Eigenart — sind die ausgerüstet mit den Prüfungsabschluß-Präklusionen:

mit den formellen Individual-Streiterhebungspräklusionen, die den einzelnen im Hauptkonkurs-Prüfungstermine erschienenen Individual-Titelgegnern gegenüber rückschauend allen bis zum Abschlusse der Hauptprüfung begründeten und bei Streitigkeit fortwirkend allen danach bis zum Abschlusse ihres Individual-Streiterledigungsverfahrens begründeten Erkenntnisstoff für die Begründung einer neuen Streiterhebung verschließen. —

mit der formellen Konkurs-Streiterhebungspräklusion, die allen Mitgliedern der Hauptkonkurspassivgesamtheit gegenüber mit Vergangenheitswirkung allen bis zum Hauptprüfungs-Abschlusse begründeten und bei Streitigkeit mit Zukunftswirkung allen darüber hinaus bis zum Abschlusse des Konkurs-Gesamterkenntnisverfahrens begründeten Erkenntnisstoff zur Begründung neuer Streiterhebung verschließt —

endlich mit der funktionellen Konkurs-Streiterhebungspräklusion, kraft deren einer neuen Streiterhebung das Erkenntnisstadium verschlossen ist: kein neuer Streitwille als Hindernis vor der Konkurstitulierung, keine neue Prüfung!

2. „Früher geprüfte Forderungen werden *von neuem geprüft*“:

[1] Bei den Vorkehrungen der §§ 173, 180 KO eine seltene Erscheinung!

Dies ist der in § 201 Abs. 2 KO versteckte, zu der von ihm ausdrücklich erklärten Beschränkung der Neuprüfung stillschweigend als selbstverständlich vorausgesetzte Obersatz.

Neue Prüfung bedeutet konkursmäßige Neueröffnung der Streiterhebung im Erkenntnisstadium, vor Titulierung — ungeachtet der an die Hauptkonkursprüfung sich knüpfenden funktionellen Konkurs-Präklusion! Diese *funktionelle Streiterhebungspräklusion des Hauptkonkurses hat also für den Wiederaufnahmekonkurs keine Geltung*![2]

Mit der funktionellen Streiterhebungs-Präklusion fällt von selbst die auf sie aufgebaute funktionelle Erkenntnisstoffpräklusion: mochte das Erkenntnisstadium im Hauptkonkurse bereits abgeschlossen sein, für den Wiederaufnahmekonkurs steht es im vorhinein stets offen!

Mit dem Abschlusse des Erkenntnisstadiums aber fällt die Titulierung. Keine Forderung tritt in den Wiederaufnahmekonkurs von vornherein als festgestellte ein;[3] Mitgliedschaft in der Aktivgesamtheit des Hauptkonkurses begründet nicht ohne weiteres als solche wieder Mitgliedschaft in der Aktivgesamtheit des Wiederaufnahmekonkurses. Auch die Aktivgesamtheit des Wiederaufnahmekonkurses besteht bis zum Wiederaufnahme-Prüfungstermin ohne Mitglieder, als formelle Blankogesamtheit!

Mangels Titulierung endlich keine Titulierten-Legitimation (vgl. oben S. 52).

Alle Gläubiger ohne Unterschied, ohne Rücksicht auf etwaige Errungenschaften des Hauptkonkurserkenntnisverfahrens, haben

---

[2] So auch: *Seuffert*, S. 452. — Abw.: *Fitting*, S. 453/454. — *Kohler*, Lehrbuch, S. 597; Leitfaden, S. 299. — *Oetker*, Fragen, S. 85ff. — *Petersen-Kleinfeller*, §§ 184 ff. Anm. 4. — *v. Sarwey-Bossert*, § 201 Anm. 2. — *F. Wach*, S. 68. — *Wengler*, § 187 Anm. 1. — *v. Wilmowski*, § 201 Anm. 2.

[3] So auch wohl *Jaeger*, § 201 Anm. 6. — Abw.: *Endemann*, S. 613. — *Fitting*, S. 454. — *Jaeger*, § 200 Anm. 1. — *Kohler*, Lehrbuch, S. 597; Leitfaden, S. 299. — *Oetker*, Grundbegriffe, S. 195; Fragen, S. 84, 89. — *Petersen-Kleinfeller*, §§ 184ff. Anm. 4. — *v. Sarwey-Bossert*, § 201 Anm. 2. — *v. Wilmowski*, § 201 Anm. 2.

im Wiederaufnahmekonkurs die Titelstellung sich zu erkämpfen!

3. „Früher geprüfte Forderungen werden *hinsichtlich einer inzwischen eingetretenen Tilgung* von neuem geprüft":

Auch dies ist eine stillschweigende Voraussetzung der ausdrücklichen Anordnung des § 201 Abs. 2 KO!

a) „Tilgung" ist ein außerprozessualer, dem Erkenntnisstoff angehörender Vorgang.

Von Haus aus mit den „Forderungen" als die Aufhebung von deren zivilrechtlichem Grund in engstem Zusammenhang stehend, mit diesen ursprünglich auf das Gebiet des Privatrechtes beschränkt, ist die „Tilgung", den „Forderungen" in der Konkursordnung gegenübergestellt, mit diesen auf den gesamten Passivmitgliedschaftstatbestand, insbesondere den gesamten individuellen Konkursforderungstatbestand,[4] also auch die Konkursfähigkeit auszudehnen. Und sie beschränkt sich nicht auf die Totalaufhebung der Pasivmitgliedschaftsvoraussetzungen, sie ergreift — worauf schon der Vorgang des „noch nicht getilgten Betrages der Forderungen" in § 200 Abs. 1 KO hinweist — schon bloße Minderungen an Betrag bez. Vorrecht; unter sie fällt endlich auch der Verlust des Prozeßvorrechts, das Herabsinken des Konkursanspruchs zum bloßen Konkurrenzanspruch![5] Tilgung umfaßt sonach jede Rückbildung des Hauptkonkurs-Passivmitgliedschaftstatbestandes.

b) „inzwischen eingetretene Tilgung". „Inzwischen" — verwendet bereits in § 199 KO — bezeichnet einen Zeitraum zwischen zwei Zeitpunkten, einen Zeitraum, der vom Zeitpunkte des im Mittelpunkte stehenden normierten Vorganges zurückreicht bis zum Zeitpunkte eines voranliegenden Vorganges, der anläßlich der Normierung, nebenher, bereits erwähnt worden ist. Der Wiederaufnahmeprüfung, dem Thema des § 201 Abs. 2 KO, steht nun aber in § 201 Abs. 2 kein andrer Vorgang gegenüber als die „frühere Prüfung". Beide Zeitpunkte sind, in der Gesamtheit betrachtet, relativ bewegliche, insofern in beiden Konkursen mehrere Prüfungs-

[4] Vgl. oben Dritter Teil A II 1a (S. 33).

[5] Vgl. oben S. 46 ff.

termine zur Wahl stehen; für die einzelne Forderung aber kommt beiderseits immer nur der eine, gerade ihrer Erörterung dienende Prüfungstermin in Frage. „Inzwischen“ kann sonach nur den Zeitraum zwischen dem von der Forderung passierten Hauptkonkurs-Prüfungstermin und dem ihrer Erörterung gewidmeten Wiederaufnahme-Prüfungstermin bezeichnen.

Diese „inzwischen eingetretene Tilgung“ erschöpft den gesamten, nach der Hauptkonkursprüfung neu begründeten Erkenntnisstoff, soweit er für den Hauptkonkurs-Liquidanten als solchen relevant ist. Die Forderungsentstehung muß — der Konkursfälligkeit wegen — bereits in der Zeit vor Hauptkonkurseröffnung liegen; für die Zeit nach Hauptkonkursprüfung kann nur noch eine Rückbildung in Frage kommen.

c) Einer neuen Konkursstreiterhebung steht dieser seit der Hauptkonkursprüfung begründete Erkenntnisstoff — vom Standpunkte des Hauptkonkurses aus — nur dann in vollem Umfange offen, wenn der Abschluß der Hauptkonkursprüfung, mangels Streiterhebung, zugleich den Abschluß des Konkurs-Gesamterkenntnisverfahrens bildete, mithin Präklusionswirkung nur für die Vergangenheit, nur für den bis zum Prüfungsabschlusse begründeten Erkenntnisstoff äußerte. Hat dagegen der Prüfungsabschluß, zufolge Streiterhebung, ein Konkurs-Streiterledigungsverfahren eröffnet, so unterliegt der ganze nach Prüfungsabschluß, während Anhängigkeit des Konkurs-Streiterledigungsverfahrens neu begründete Erkenntnisstoff der Zukunftspräklusion des sich verdichtenden formellen Konkurs-Streiterhebungsabschlusses. Hat dieses Hauptkonkurs-Streiterledigungsverfahren inzwischen seinen Abschluß gefunden, so ist damit die formelle Konkurs-Streiterhebungspräklusion zur materiellen Präklusion erstarrt und zur Ruhe gekommen; für die Konkurserkenntnis existiert überhaupt nur noch der seit diesem Abschnitte neu begründete Erkenntnisstoff. Ist dagegen ein Abschluß des Hauptkonkurs-Streiterledigungsverfahrens noch nicht erfolgt, besteht — vom Standpunkte des Hauptkonkurses aus — dessen Anhängigkeit noch bei der Wiederaufnahmeprüfung: so ist der gesamte in der Zwischenzeit begründete, ja auch der zukünftige, bis zum künftigen Abschlusse zu erwartende Erkenntnisstoff für eine neue Konkursstreiterhebung verschlossen.

Die inzwischen eingetretene Tilgung ist danach — vom Standpunkte des Hauptkonkurses aus — das spezifische Wirkungsgebiet der Zukunfts-Konkurs-Streiterhebungspräklusion!

d) werden von neuem geprüft „hinsichtlich einer inzwischen eingetretenen Tilgung".

Sie werden von neuem geprüft, die Konkurs-Streiterhebung wird neu eröffnet; sie werden geprüft hinsichtlich einer inzwischen eingetretenen Tilgung: die Konkurs-Streiterhebung wird neu eröffnet mit der Möglichkeit, erhobenen Streit im Konkurs-Streiterledigungsverfahren mit einer Zwischentilgung zu verfechten. Der seit Hauptkonkurs-Prüfungsabschluß begründete Erkenntnisstoff wird einem neuen Konkurserkenntnisverfahren unterworfen. Er unterliegt erneuter Konkurserkenntnis — ohne Rücksicht auf etwaige vom Hauptkonkursprüfungs-Abschluß ausgehende Konkurspräklusion.

Im Wiederaufnahmekonkurs-Erkenntnisverfahren kann der Liquidant gegenüber der Verwertung von nach Hauptkonkursprüfungs-Abschluß neu begründetem Erkenntnisstoff sich weder auf die formelle Konkurs-Streiterhebungspräklusion noch auf eine aus dieser herauskrystallisierte materielle Konkurs-Erkenntnisstoffpräklusion zu seinen Gunsten berufen.

Die Zukunftswirkung der formellen Hauptkonkurs-Streiterhebungspräklusion greift auf den Wiederaufnahmekonkurs nicht über — weder als solche noch als materielle Präklusion zugunsten des Liquidanten!

4. werden

nur hinsichtlich einer inzwischen eingetretenen Tilgung

von neuem geprüft:

a) Mit dem „nur" beginnt der ausdrücklich erklärte Willensinhalt des § 201 Abs. 2 KO; der Zweck des § 201 Abs. 2 KO ist eine Beschränkung der Neuprüfung.

b) Auf die „inzwischen eingetretene Tilgung" will der § 201 Abs. 2 KO die Neuprüfung beschränkt haben. Er geht also davon aus, daß die inzwischen eingetretene Tilgung schon ohnedies regelmäßig in vollem Umfange zum Prüfungsthema gehören, ja, ohne die von ihm angeordnete Erleichterung dieses noch gar nicht erschöpfen würde. Für die von § 201 Abs. 2 KO herausgegriffenen „früher geprüften Forderungen" bildet die Kontinuität des Passivmitgliedschaftstatbestandes seit der Hauptkonkursprüfung, Konkursreife bereits für die Zeit der Hauptkonkursprüfung ein wesentliches Element ihres Liquidatsgrundes, eine entscheidende Frage des Konkurs-Erkenntnisverfahrens. Dies trifft nicht zu für die bloßen Konkurrenzanspruchs-[6] Liquidanten, die ja Konkursreife bloß für den Zeitpunkt der Wiederaufnahme behaupten, deren Prüfungsthema also hiermit bereits erschöpft ist. Auch Konkurrenzanspruchsliquidanten des Wiederaufnahemekonkurses können — hierher gehören insbesondere ehemalige Bevorrechtigte des Hauptkonkurses — für ihre Forderungen bereits eine Prüfung des Hauptkonkurses passiert haben: der § 201 Abs. 2 KO indessen hat sie mit seinen „früher geprüften Forderungen" niemals im Auge; er denkt nur an solche „früher geprüfte Forderungen", die im Wiederaufnahmekonkurs im alten Gewande, wieder als früher geprüfte Forderungen, als Konkursanspruchsliquidanten auftreten!

c) Nur hinsichtlich einer „Tilgung"
werden diese neu zur Streiterhebung verstellt; verschlossen bleibt dem Wiederaufnahmekonkurs-Erkenntnisverfahren die Entstehung der Forderungen, die Begründung des Passivmitgliedschaftstatbestandes bei Hauptkonkurseröffnung.

Nur hinsichtlich

„einer inzwischen eingetretenen Tilgung"

wird das Wiederaufnahmekonkurs-Erkenntnisverfahren eröffnet; verschlossen bleiben ihm weiter alle in dem Zeitraum von der Hauptkonkurseröffnung bis zum Abschlusse der betreffenden Hauptkonkursprüfung eingetretenen Tilgungen.

Verschlossen bleibt der Wiederaufnahmekonkursprüfung sonach der gesamte bis zum Hauptkonkursprüfungs-Abschlusse begründete Erkenntnisstoff konkursmäßig, allen Mitgliedern der Wiederaufnahmepassivgesamtheit gegenüber. Das Ergebnis der Hauptkonkursprüfung bleibt auch für den Wiederaufnahmekonkurs maßgebend.[7]

---

[6] Wegen der Konkurrenzansprüche vgl. oben Dritter Teil, B, III, 3 ff. (S. 46 ff.)

[7] So auch: *Jaeger*, § 201 Anm. 3. — *Kohler*, Lehrbuch, S. 597. — *Oetker*, Fragen, S. 84. — *v. Sarwey-Bossert*, § 201 Anm. 2. — *Seuffert*, S. 452. — *v. Wilmowski*, § 201 Anm. 2.

Die formelle Konkurs-Streiterhebungspräklusion des Hauptkonkursprüfungs-Abschlusses in ihrer ursprünglichen Vergangenheitswirkung ist es, die in dieser Stoffbeschränkung zur Geltung kommt.

d) Die Hauptkonkurs-Stoffpräklusion präkludiert von Haus aus nur die Mitglieder der Passivgesamtheit des Hauptkonkurses; durch § 201 Abs. 2 KO verschlossen ist der Vor-Prüfungs-Stoff indessen allen Mitgliedern der Wiederaufnahme-Passivgesamtheit gegenüber, also über den Bereich der Hauptkonkurspräklusion hinaus auch gegenüber den Neu-Gläubigern des Wiederaufnahmekonkurses.

Die Neu-Gläubiger des Wiederaufnahmekonkurses haben sonach die konkursmäßig den Hauptkonkursgläubigern gegenüber begründete Rechtslage gegen sich gelten zu lassen; sie stehen genau wie Hauptkonkurs-Nachzügler!

Die Wiederaufnahme-Passivgesamtheit tritt konkursmäßig in die Rechtsstellung der Hauptkonkurs-Passivgesamtheit bei Hauptprüfungs-Abschluß! Wiederaufnahmekonkurs-mäßig wirkt die Konkurs-Erkenntnisstoffpräklusion der Vergangenheit über!

e) Diese Beschränkung trifft nicht die Streiterhebung als solche, sie ist kein Streitwillens-, kein Prozeßhindernis. Die Beschränkung gilt vielmehr dem Erkenntnisstoff, hinsichtlich dessen die neue Streiterhebung das Konkurs-Streiterledigungsverfahren neu einleiten soll, sie gibt die Anfangsbegrenzung des diesem neuen Konkurs-Erkenntnisverfahren unterliegenden Erkenntnisstoffes.

Als reine Beschränkung des Erkenntnisstoffes aber ist sie unerheblich im reinen Streiterhebungsverfahren, im Prüfungstermin: der Opponent ist nicht verpflichtet zur Selbstbeschränkung seines Widerspruches auf Zwischentilgung, auch im Wiederaufnahme-Prüfungstermin genügt die nackte Opposition. Die Geltendmachung von Beschränkungen des Erkenntnisstoffs gehört auch hier in den Liquidationsprozeß, ist Sache der Rechtskrafteinrede[8].

5. „werden nur hinsichtlich . . . . von neuem *geprüft*".

Das notwendige Gegenstück der von § 201 Abs. 2 KO bestimmten Beschränkung der „Prüfung von neuem" bildet die Übernahme

[8] Abw.: *Jaeger*, § 201 Anm. 3. — *Roeder*, S. 69. — *Seuffert*, S. 452.

der „früheren Prüfung“ für den der neuen Prüfung verschränkten Bereich; indirekt bestimmt § 201 Abs. 2 KO sonach zugleich das Maß der Fortgeltung des Hauptkonkurs-Erkenntnisverfahrens.

a) Hinsichtlich des bis zur früheren Prüfung begründeten Erkenntnisstoffes verschließt § 201 Abs. 2 KO mit der neuen Prüfung überhaupt jedes neue Konkurs-Erkenntnisverfahren. Für allen Vor-Prüfungsstoff bewendet es demgemäß konkursmäßig bei dem Hauptprüfungsergebnis: mit der formellen Konkurs-Streiterhebungspräklusion wirkt für diesen Stoffbereich ohne weiteres über die auf diese aufgebaute — unmittelbar mit Prüfungsabschluß oder mit nachträglichem Abschluß des Konkurs-Streiterledigungsverfahrens eingetretene — materielle Konkurspräklusion.

War das Hauptkonkurs-Streiterledigungsverfahren noch nicht abgeschlossen, so ist es selbständig zu Ende zu führen — rein als Erledigung der Hauptkonkurs-Prüfungsbedingungen, ohne jede Rücksicht auf die insoweit ja völlig belanglose Wiederaufnahme-Prüfung. Mit der Fortführung der Hauptkonkurs-Liquidationsprozesse braucht daher auch nicht bis zum Abschluß des Wiederaufnahme-Prüfungstermins gewartet zu werden; sie setzt nichts weiter wie die beiderseitige Neu-Anhängigkeit, d. h. aktive Beteiligung am Wiederaufnahmekonkursverfahren voraus, kann sofort danach in Angriff genommen werden.

b) Die Hauptkonkurs-Prüfung und mit ihr das Hauptkonkurs-Erkenntnisverfahren beschränken sich vollkommen auf diesen Vor-Prüfungsstoff, soweit mangels Streiterhebung mit dem Abschlusse des Hauptkonkurs-Prüfungstermins zugleich der Abschluß des Hauptkonkurs-Erkenntnisverfahrens eingetreten ist. Das von diesem sofortigen Erkenntnisverfahrens-Abschlusse ausgelöste Streitgegenstandsergebnis: die Konkursfeststellung für den Hauptprüfungsabschluß, gründet sich ausschließlich auf Vor-Prüfungsstoff, wirkt deshalb — in seinem Erkenntnisgehalt — voll über.

Bei derartigem Hauptprüfungsergebnis kommen Hauptkonkurs-Erkenntnisverfahren und Wiederaufnahmekonkurs-Erkenntnisverfahren einander in keiner Weise ins Gehege, sie scheiden sich vollkommen reinlich nach Erkenntnisstoffperioden: für den bis zur Hauptprüfung begründeten Stoff gilt ausschließlich das Hauptkonkurs-Erkenntnisverfahren, für den inzwischen, seit der Hauptkonkursprüfung begründeten Stoff gilt ausschließlich das Wiederaufnahmekonkurs-Erkenntnisverfahren.

c) Hat dagegen die Hauptkonkursprüfung Streiterhebungen gezeitigt, hat demgemäß der Hauptkonkurs-Prüfungsabschluß ein Konkurs-Streiterledigungsverfahren eingeleitet, so erstreckt sich das Hauptkonkurs-Erkenntnisverfahren in den Nach-Prüfungsstoff hinein, seine Liquidationsprozesse umfassen auch Nach-Stoff, mit auf Nach-Stoff gründen sich seine sämtlichen Ergebnisse. Insoweit tritt es dann mit dem Hauptkonkurs-Erkenntnisverfahren in Stoff-Konkurrenz.

Hat § 201 Abs. 2 KO mit der Anordnung der Neuprüfung hinsichtlich des Nach-Stoffes das Hauptkonkurs-Erkenntnisverfahren für diesen vollständig ausschließen wollen?

d) Seinem Wortlaute nach ordnet § 201 Abs. 2 KO für den Nach-Stoff lediglich die Neueröffnung der Konkurs-Streiterhebung an. Von dem Hauptkonkurs-Erkenntnisverfahren vernichtet er damit lediglich die konkursmäßige Präklusion der Streiterhebung. Mit dieser fallen die auf diese gegründete, zugunsten des Liquidanten eintretende, konkursmäßige materielle Präklusion für den bis zum Abschluß des Hauptkonkurs-Streiterledigungsverfahrens begründeten Erkenntnisstoff und eine von dieser ausgelöste nachträgliche Konkursfeststellung für den Moment dieses Abschlusses; mit Erledigung des letzten Hauptkonkurs-Liquidationsprozesses wird konkursmäßig materielle Präklusion zugunsten des Liquidanten nur für den bis zum Hauptprüfungs-Abschluß begründeten Erkenntnisstoff ausgelöst, nur für den Moment des Hauptprüfungs-Abschlusses ist das Liquidat konkursmäßig festgestellt.

Der Wortlaut des § 201, Abs. 2 KO sagt dagegen gar nichts über die Fortwirkung der im Verhältnis zum einzelnen Titelgegner begründeten Individual-Präklusionen und der auf diese aufgebauten Individual-Ergebnisse, und er sagt ebensowenig über das konkursmäßige Fortwirken solcher Konkurs-Ergebnisse, die nicht auf die Konkurs-Streiterhebungspräklusion gegründet sind.

e) Entscheidend für die Auslegung ist die Tendenz des § 201 Abs. 2 KO.

Erkenntnisverfahren vor Titulierung ist in allen seinen Teilen ein Hemmnis für den Titelbegehrenden; durch die Prozeßpräklusionen zugunsten des Liquidanten wird das Hindernis schrittweise überwunden, Präklusionen zu seinen ungunsten vergrößern es. Indem nun § 201 Abs. 2 KO es als selbstverständliche Voraussetzung betrachtet, daß die früher geprüften Forderungen die Prüfungs-Präklusion, die ihnen im Hauptkonkurs als solchen bereits zukam, für den Wiederaufnahmekonkurs in einer „Prüfung von neuem“ sich erst wieder erobern müssen, erkennt er als obersten Grundsatz an, daß das Hauptkonkurs-Erkenntnisverfahren für den Wiederaufnahmekonkurs eine Vermehrung an Hemmungsmomenten erfahren, zuungunsten des Liquidanten, zugunsten der Titelgegner erschwert werden soll. Diese Erschwerung will er lediglich etwas beschränken. Keineswegs aber will er die Hand bieten zu einer Erleichterung des Hauptkonkurs-Erkenntnisverfahrens, zu einer Rehabilitation des Liquidanten zuungunsten der Titelgegner: bereits im Hauptkonkurs-Erkenntnisverfahren begründete Präklusionen zu Lasten des Liquidanten gelten nach dem obersten Grundsatze des § 201 Abs. 2 KO erst recht im Wiederaufnahmekonkurs-Erkenntnisverfahren. Diese Präklusionen zu Lasten des Liquidanten ruhen ja absolut nicht auf der von § 201 Abs. 2 KO aufgehobenen Konkurs-Streiterhebungspräklusion.

Konkursmäßig wirkt demgemäß auch für den Wiederaufnahmekonkurs das Unterliegen des Liquidanten in einem Hauptkonkurs-Liquidationsprozesse. Es besteht materielle Präklusion des gesamten bis zum Abschlusse dieses Liquidationsprozesses begründeten Erkenntnisstoffs zu Lasten des Liquidanten — nicht nur diesem Individualgegner gegenüber, sondern konkursmäßig „gegenüber allen Wiederaufnahmekonkurs-Gläubigern“; konkursmäßig ist damit auch für den Wiederaufnahmekonkurs das Nichtbestehen eines Hauptkonkursanspruches festgestellt — schlechthin, ohne Rücksicht darauf, ob für das Individualurteil Vor-Prüfungs- oder Nach-Prüfungsstoff entscheidend gewesen waren, ob es verneinte mangels Entstehung bez. zufolge Wieder-Tilgung vor der Hauptkonkurs-Prüfung oder aber wegen inzwischen eingetretener Tilgung.

Wollte man die inzwischen eingetretene Tilgung vom Überwirken im Rahmen der Hauptkonkurs-Liquidationsprozesse ausschließen, so würde man damit dem Liquidanten im fortgeführten

Hauptkonkurs-Liquidationsprozesse trotz eklatanten Wiederuntergangs zu einer einstweiligen Feststellung verhelfen!

Das erst nach Wiederaufnahme ergehende Urteil im Hauptkonkurs-Liquidationsprozesse berechtigt den obsiegenden Titelgegner zum Antrag auf berichtigende Streichung des Liquidanten aus der Tabelle der zum Wiederaufnahmekonkurs Gemeldeten. War das abweisende Urteil bereits vor der Wiederaufnahme ergangen, so steht der im Wiederaufnahmekonkurs neu sich meldende Liquidant genau wie ein im Hauptkonkurs nach Hinaus-Liquidierung neu sich Meldender: jeder Opponent des Wiederaufnahme-Prüfungstermins kann ihm gegenüber die materielle Präklusion einwenden; war im Hauptkonkurse bereits Tabellenberichtigung gemäß §146 Abs. 7 KO erwirkt worden, so dürfte bereits das vorprüfende Gericht die Neuanmeldung wegen offenkundigen Mangels an Rechtsschutzinteresse zurückzuweisen haben.

f) *Übergreifen* müssen aber auch die zugunsten des Liquidanten *von den Hauptkonkurs-Liquidationsprozessen ausgelösten Individual-Präklusionen.*

Wie schon der Absatz 1 des § 201 KO, so stellt auch der Absatz 2 sich entschieden auf den Standpunkt des Hauptkonkurses Die frühere Prüfung, mit ihr das gesamte Hauptkonkurs-Erkenntnisverfahren, bilden für ihn die Grundlage, die in der Prüfung von neuem eine ausnahmsweise Ergänzung erfahren soll. Die Ergänzungsbedürftigkeit des Hauptkonkurs-Erkenntnisverfahrens ist für ihn die Ausnahmeerscheinung. Auch die auffallend verschränkte Ausdrucksweise, die Zuspitzung auf die „früher geprüften Forderungen" — eine in der Konkursordnung sonst nicht vorkommende Zusammenstellung! — verrät, daß der § 201 Abs. 2 KO ganz eng ausgelegt sein will. Ergänzung nur soweit als nötig, im Zweifel Überwirken des Hauptkonkurs-Erkenntnisverfahrens! Eine solche „Not", ein Bedürfnis nach individueller Neueröffnung des gesamten Nachstoffes aber ist schlechterdings nicht zu erblicken. keine materielle Präklusion ist eingetreten, ohne daß dem betreffenden Opponenten bis zuletzt unumschränkt Gelegenheit zur Geltendmachung alles Erkenntnisstoffes gegeben worden wäre!

Das Übergreifen der Hauptkonkurs-Liquidationsprozesse auch in ihren Nach-Stoff-Präklusionen zugunsten des Liquidanten wird aber prozeß-konstruktiv unabweisbar, sowie einmal die Hauptkonkurs-Liquidationsprozesse wegen des Vor-Prüfungsstoffs übernommen sind, und nachdem weiter feststeht, daß ihre Präklusionen zu Lasten des Opponenten unbeschränkt für den Nachstoff überwirken. Individual-Prozesse können nur als Ganzes übernommen werden, aber nicht für einen bloßen Ausschnitt ihres Stoffbereichs und nicht bloß für den Fall eines bestimmten Gegenstands-Ergebnisses. Mit der Übernahme für den Vor-Prüfungsstoff sind die Hauptkonkurs-Liquidationsprozesse schlechtweg vom Wiederaufnahmekonkurs anerkannt, zu vollwertigen Bestandteilen des Wiederaufnahmekonkurs-Erkenntnisverfahrens erhoben worden.

Jede Einschränkung würde die monströsesten Zustände zeitigen für die Fortführung noch nicht abgeschlossener Hauptkonkurs-Liquidationsprozesse im Wiederaufnahmekonkurs. Hier müßte es dann zu einer Eventual-Zulassung des Zwischenstoffs kommen; seine Erörterung würde unbedingte Erheblichkeit gewinnen, wenn sie zum Unterliegen des Liquidanten führte, mit der Erkenntnis des Fortbestandes des Liquidanten dagegen würde sie sofort in die Unerheblichkeit versinken: die ganze bereits getane Arbeit müßte nun in den Wiederaufnahme-Liquidationsprozessen wiederholt werden. Überdauert vollends der Hauptkonkurs-Liquidationsprozeß den Wiederaufnahme-Prüfungstermin, so würde es dann zu einem sinnlosen Nebeneinander von zwei Liquidationsprozessen derselben Parteien über denselben Gegenstand und denselben Erkenntnisstoff, einen mit Eventualkraft neben einem unbedingten kommen. Jeder Prozeß setzt für alle seine richterlichen Akte volles und unbedingtes Rechtsschutzinteresse voraus!

Für die Dauer der Anhängigkeit des Hauptkonkurs-Individualprozesses besteht sonach **unbeschränkte formelle Präklusion** zugunsten des Liquidanten **diesem Titelgegner gegenüber**; einer neuen Streiterhebung dieses Titelgegners im Wiederaufnahmekrüfungstermin kann der Liquidant bei noch bestehender Anhängigkeit — bereits im Prüfungstermin selbst — eine **Einrede der Rechtshängigkeit** entgegen halten[9]: dieser Titelgegner hat ja noch, durch den Hauptkonkurs-Liquidationsprozeß, die Möglichkeit

[9] Abw.: *Jaeger*, § 201 Anm. 5. — *Seuffert*, S. 453.

der Geltendmachung alles Erkenntnisstoffs, für ihn bedarf es keiner neuen Streiterhebung! Mit Rücksicht auf den noch offenstehenden Hauptprüfungs-Widerspruch ist dieser neue Widerspruch für das Konkursgericht unbeachtlich; es bedarf gar keiner streiterledigenden Liquidation.

Die mit Abschluß des Hauptkonkurs-Liquidationsprozesses ausgelöste materielle Präklusion zugunsten des Liquidanten wirkt diesem Titelgegner gegenüber für den gesamten bis dahin begründeten Erkenntnisstoff; vor der Wiederaufnahmeprüfung eintretend, begründet sie die Einrede der Rechtskraft in einem etwaigen Wiederaufnahme-Liquidationsprozesse mit demselben Titelgegner; nach der Wiederaufnahmeprüfung eintretend, bedeutet sie die endgültige Erledigung dieses Titelgegners für das gesamte Wiederaufnahme-Erkenntnisverfahren.

Bezüglich des nach Hauptprüfungsabschluß begründeten Erkenntnisstoffs wirken sonach über vom Hauptkonkurs-Erkenntnisverfahren: *konkursmäßig die zu Lasten des Liquidanten begründete Konkurspräklusion — individuell sämtliche* unter den Liquidationsprozeßparteien begründeten *Individualpräklusionen.*

6. Zu den

a) „in der Zeit von der Aufhebung bis zur Wiederaufnahme des Konkursverfahrens vorgenommenen Rechtshandlungen des § 199 KO

gehören auch die in diese Zeit fallenden Prozeßhandlungen des Schuldners. Will der § 199 KO, indem er für die zwischenzeitlichen Rechtshandlungen, deren Anfechtbarkeit normierend, die gegenständliche Wirksamkeit anerkennt, ganz allgemein den Rechtsverkehr der Konkurs-Zwischenzeit wie den Rechtsverkehr der Konkurs-Vorzeit stellen, so verleiht er damit auch der Prozeßlage des Schuldners aus dem zwischenzeitlichen Spezial-Rechtsverfolgungszustande gegenüber dem Erkenntnisverfahren des Wiederaufnahmekonkurses dieselbe Bedeutung wie der bei Konkurseröffnung bestehenden Prozeßlage gegenüber dem Hauptkonkurse. Diese Spezial-Prozeßlage des Schuldners bei der Wiederaufnahme kann durch eigne Prozeßführung des Schuldners in der Zwischenzeit herausgebildet worden sein; ihre Grundlagen ruhen stets in der Zeit der Anhängigkeit des Hauptkonkurses. Einmal hat der Schuldner selbst bereits während des Hauptkonkurses — allerdings zwecks Wirksamkeit in der Zeit nach Hauptkonkursaufhebung — im Hauptprüfungstermine zu dem Liquidat Stellung genommen (§ 141 Abs. 2 KO): entweder es nicht bestritten (§ 194 KO) oder es bestritten, im letzten Falle möglicherweise auch seine Bestreitung gemäß § 144 Abs. 2 KO bereits zu verfechten gehabt. Zum andern aber ruht die Prozeßlage des Schuldners nach dem Hauptkonkurse stets auf der Prozeßführung des Verwalters im Hauptkonkurse; mit Hauptkonkursaufhebung rückt der Schuldner in die Individual-Prozeßlage des Verwalters ein, seine persönliche Prozeßlage aus der Hauptkonkurszeit verbindet sich mit jener — und zwar zugunsten des Liquidanten, so, daß diesem jede in einem der beiden Prozesse gewonnene Prozeßchance erhalten bleibt, dagegen Präklusionen gegen ihn nur dann weiter bestehen, wenn sie sowohl vom Verwalter wie vom Schuldner erkämpft waren. Durch beide Prozesse wirkt übrigens die Prozeßlage aus der Zeit vor dem Hauptkonkurse fort (§§ 144 Abs. 2 und 146 Abs. 3 KO). Und endlich bindet den Schuldner materiell und funktionell die im Hauptkonkurse errungene konkursmäßige Feststellung.

b) Bei Wiederaufnahme kann demgemäß im Verhältnisse zwischen dem Liquidanten und dem Schuldner materielle Präklusion begründet sein.:

α) vor Hauptkonkurseröffnung:

1. zufolge Abschlusses eines Spezial-Prozesses, noch vor Hauptkonkurseröffnung;

β) während Hauptkonkurses:

2. auf Grund Nichtbestreitens des Verwalters im Hauptkonkursprüfungstermin;

3. zufolge Abschlusses des Hauptkonkurs-Liquidationsprozesses des Verwalters;

4. bei Nichtbestreiten des Schuldners im Hauptkonkursprüfungstermin

oder

nach vorherigem Abschlusse des mit dem Schuldner persönlich gemäß § 144 Abs. 2 KO geführten Spezialprozesses:

zufolge konkursmäßiger Feststellung des Liquidanten im Hauptkonkurse;

5. zufolge Abschlusses des mit dem Schuldner persönlich gemäß § 144 Abs. 2 KO geführten Spezialprozesses noch vor Hauptkonkursaufhebung;

γ) nach Hauptkonkursaufhebung:

6. zufolge Abschlusses eines Spezial-Prozesses in der Zwischenzeit.

— je für den bis zu dem Ereignisse begründeten Erkenntnisstoff. Die Ereignisse zu 2. und 4. begründen materielle Präklusion nur zugunsten des Liquidanten; die Ereignisse zu 1., 3., 5. und 6. begründen je nach dem Präklusion zugunsten oder zuungunsten des Liquidanten.

Titulierung für die Spezial-Exekution gewähren nur die Abschlüsse der Spezial-Prozesse zu 1., 5. und 6., und die Konkurstitulierung zu 4., letztere indessen nur mangels persönlicher Opposition des Schuldners zur Zeit der Hauptkonkursaufhebung (§ 194 KO).

Für die Tabellen-Eintragung im Hauptkonkurse für sich allein bestimmen die §§ 145, 147 KO nichts weiter, als daß sie wie ein rechtskräftiges Urteil gegenüber allen Konkursgläubigern des Hauptkonkurses wirke.

c) Diese Spezial-Prozeßlage des Schuldners ist maßgebend einmal für die von der Wiederaufnahmeprüfung neu ausgelösten Wiederaufnahme-Liquidationsprozesse, weiter aber auch für die bei Hauptkonkursaufhebung noch unerledigten Hauptkonkurs-Liquidationsprozesse[10]: alle anderweit, sei es während Hauptkonkurses gegenüber dem Verwalter oder aber für die Nach-Konkurszeit gegenüber dem Schuldner, sei es in der Zwischenzeit gegenüber dem Schuldner mit Wirkung gegen den Schuldner, ausgelösten Präklusionen gelten auch für die Fortführung der Hauptkonkurs-Liquidationsprozesse.

d) Nach alledem nehmen die Liquidationsprozesse für das Wiederaufnahme-Erkenntnisverfahren folgenden Verlauf:

Die Hauptkonkurs-Liquidationsprozesse können bereits während des Hauptkonkurses zum Abschluß gelangt sein. In die

[10] So auch: *Jaeger*, § 201 Anm. 5. — *Kohler*, Leitfaden, S. 299. — *Roeder*, S. 73. — Abw.: *Oetker*, Fragen, S. 84, 85. — *Seuffert*, S. 452.

noch unerledigten Liquidationsprozesse greifen mit Hauptkonkursaufhebung die im Verwalterprozesse oder im Spezial-Prozesse des Schuldners etwa gegen diesen begründeten Präklusionen über. Belastet mit all' diesen Präklusionen, führt möglicherweise der Schuldner in der Zwischenzeit den Prozeß weiter. In der vom Schuldner geschaffnen Lage nehmen die Opponenten nach Wiederaufnahme den Liquidationsprozeß wieder auf.

Die Wiederaufnahmeprüfung ist individuell verschränkt, soweit dem einzelnen Opponenten gegenüber noch ein Hauptkonkurs-Liquidationsprozeß anhängig ist. Die von der Wiederaufnahmeprüfung ausgelösten Liquidationsprozesse sind — konkursmäßig als solche — beschränkt auf den nach Hauptkonkursprüfung begründeten Erkenntnisstoff; der Erkenntnisstoff kann weiter für sie konkursmäßig beschränkt sein durch materielle Präklusionen der zwischenzeitlichen Prozeßlage des Schuldners; endlich wirkt individuell über die materielle Präklusion des bereits erledigten Hauptkonkurs-Liquidationsprozesses dieses Opponenten.

Die Titulierten-Stellung im Sinne des § 146 Abs. 6 KO kommt den Liquidanten zu — sowohl in einem Hauptkonkurs- wie in einem Wiederaufnahmekonkurs-Liquidationsprozesse — zufolge Titulierung im Spezial-Prozesse der Vor-Konkurszeit oder Zwischen-Konkurszeit oder aber zufolge Hauptkonkurstitulierung — in letzterem Falle aber nur bei gleichzeitiger Hauptkonkurs-Unstreitigkeit gegenüber dem Schuldner persönlich.[11]

II.

Das Verhältnis des Wiederaufnahmekonkurs-Erkenntnisverfahrens zum Hauptkonkurs-Erkenntnisverfahren ist danach folgendermaßen zu charakterisieren:

1. Von den Errungenschaften des Hauptkonkurs-Erkenntnisverfahrens wirken über: die Konkurs-Präklusion des Er-

[11] Abw. (schon die Hauptkonkurstitulierung als solche): *Endemann*, S. 613. — *Jaeger*, § 201 Anm. 6. — *Oetker*, Grundbegriffe, S. 194; Fragen, S. 88. — *Petersen-Kleinfeller*, §§ 184ff. Anm. 4. — *Roeder*, S. 69. — *Seuffert*, S. 452. — *F. Wach*, S. 68/69. — *v. Wilmowski*, § 201 Anm. 2.

kenntnisstoffs zuungunsten des Liquidanten uneingeschränkt — die an den Hauptkonkurs-Prüfungsabschluß sich knüpfende Konkurs-Präklusion des Erkenntnisstoffs zugunsten des Liquidanten nur in den Vergangenheitswirkungen — endlich die Individual-Präklusionen des Erkenntnisstoffs für Vergangenheit und Zukunft. Dagegen haben keine Geltung für das Wiederaufnahme-Erkenntnisverfahren die formelle bez. materielle Konkurs-Präklusion des Erkenntnisstoffs zugunsten des Liquidanten für die Zukunft, die funktionelle Konkurs-Präklusion des Erkenntnisstadiums und die Konkurstitulierung.

2. Vom Standpunkte des Wiederaufnahmekonkurses aus bilden das Hauptkonkurs- und das Wiederaufnahmekonkurs-Erkenntnisverfahren ein einheitliches Gesamt-Erkenntnisverfahren. Die Einheit ergibt der durchgehende einheitliche Zweck, der beide Erkenntnisverfahren — das Hauptkonkurs-Erkenntnisverfahren selbstverständlich nur für die retrospektive Betrachtung — leitet: die Zulassung zur Vollstreckungsmacht im Wiederaufnahmekonkurs.

a) Wiederaufnahmevollstreckungsmacht setzt voraus die Mitgliedschaft in der Wiederaufnahme-Aktivgesamtheit. Diese Wiederaufnahme-Gesamtheit aber wird konstituiert erst mit der Wiederaufnahme; Zulassung zur Wiederaufnahmevollstreckungsmacht, Wiederaufnahmetitulierung ist sonach erst nach Wiederaufnahme möglich. — Voraussetzung der Wiederaufnahmetitulierung, Wiederaufnahmekonkurs-Klaggrund, ist das Bestehen des Konkursanspruchs bei Hauptkonkurseröffnung sowie sein Fortbestehen während des Hauptkonkurses, während der Zwischenzeit und während des Wiederaufnahmekonkurses bis zur Titulierung. Zur Zeit des Hauptkonkurs-Erkenntnisverfahrens ist danach der Wiederaufnahme-Klaggrund notwendig noch in der Entwicklung begriffen, sicherlich noch nicht abgeschlossen. Mangels Perfektion des Wiederaufnahme-Klaggrundes ist aber das Hauptkonkurs-Erkenntnisverfahren niemals imstande, eine abschließende Erkenntnis für die Wiederaufnahmetitutulierung zu liefern; das Hauptkonkurs-Erkenntnisverfahren entbehrt danach der funktionellen Präklusion gegenüber dem Wiederaufnahmekonkurs. Mit der funktionellen Präklusion aber entfällt auch die Zukunftswirkung der Erkenntnisstoff-Präklusion: zu einer konkursmäßigen Erweiterung der Individual-Präklusionen für die Zukunft fehlt ja mangels Titulierungsaussicht für den Abschluß des Hauptkonkurs-Erkenntnisverfahrens jedes Bedürfnis.

Insofern vermag das Wiederaufnahme-Erkenntnisverfahren niemals die volle Erkenntnis zu liefern, bedarf es in allen Fällen der Ergänzung durch ein Wiederaufnahme-Erkenntnisverfahren.

b) Immerhin findet das Hauptkonkurs-Erkenntnisverfahren doch von dem Wiederaufnahme-Klaggrund bereits den ersten Teil: das Bestehen bei Hauptkonkurseröffnung, vor; und mit dem Hauptkonkurs-Erkenntnisverfahren läuft vom zweiten Teile mindestens der erste Abschnitt: das Fortbestehen während des Hauptkonkurses. Hinsichtlich des Bestehens bei Hauptkonkurseröffnung sowie des Fortbestehens bis zur Hauptkonkursprüfung vermag sonach das Hauptkonkurs-Erkenntnisverfahren bereits eine abschließende Konkurserkenntnis zu liefern; und für das Weiterbestehen nach Hauptkonkursprüfung arbeitet es, zwar nicht konkurspräklusivisch, immerhin individualistisch vor.

Vorarbeiten gleicher Art leistet auch das Spezial-Erkenntnisverfahren der Zwischenzeit.

c) Das Hautpkonkurs-Erkenntnisverfahren bedeutet nach alledem für den Wiederaufnahmekonkurs ein vollwertiges Erkenntnisverfahren; nur ist es nicht, wie für den Hauptkonkurs, das letzte Erkenntnisverfahren des Erkenntnisstadiums: es ermangelt eben der funktionellen Stadien-Präklusion! Mangels funktioneller Präklusion zessiert die konkursmäßige Erweiterung der Erkenntnisstoff-Präklusion in die Zukunft hinein, konkursmäßig generelle Feststellungen vermag es nur für den bis zum Hauptkonkursprüfungs-Abschluß begründeten Erkenntnisstoff zu liefern; und diese Feststellungen haben formell-prozessual mangels funktioneller Präklusion die Kraft bloßer Zwischenurteile. Das Hauptkonkurs-Erkenntnisverfahren ist sonach für den Wiederaufnahmezweck stets ein verfrühtes Erkenntnisverfahren.

Immerhin vermag das Hauptkonkurs-Erkenntnisverfahren das Wiederaufnahmekonkurs-Erkenntnisverfahren von einem Teil seiner Arbeit zu entlasten, es ist ein fakultatives Vorverfahren.

Eigenartig ist nur das Prinzip der Arbeitsteilung: die Arbeitsteilung zwischen beiden Verfahren erfolgt nicht nach Elementen des Streitgegenstandes, auch nicht lediglich nach Teilen des Erkenntnisstoffs, sondern zugleich nach Entwicklungsstufen des Liquidats.

3. Für die Konkursanspruchsliquidanten des Wiederaufnahmekonkurses ist sonach das Hauptkonkurs-Erkenntnisverfahren zwar kein obligatorisches Erfordernis, es kann fehlen; ist aber ein Hauptkonkurs-Erkenntnisverfahren vorangegangen, so bildet es für sie einen wesentlichen Bestandteil ihres Gesamt-Erkenntnisverfahrens zwecks Wiederaufnahmetitulierung, bedeutet es die Erledigung eines Teiles des Wiederaufnahme-Liquidationsgrundes.

Für die bloßen Konkurrenzanspruchs-Liquidanten vermag ein etwaiges Erkenntnisverfahren im Hauptkonkurse selbstverständlich niemals in das Wiederaufnahmekonkurs-Erkenntnisverfahren einzugehen; ihr Liquidationsgrund beginnt ja stets erst mit der Wiederaufnahme. Gleichwohl werden auch bei ihnen nicht nur Präklusionen der zwischenzeitlichen Prozeßlage, sondern auch etwaige für diese Forderung im Hauptkonkurse ausgelöste Präklusionen rein tatbestandsmäßig, für und gegen sie, überwirken — in analoger Anwendung des § 201 Abs. 2 KO.

Fünfter Teil.

Die Masse.

Die Masse des Wiederaufnahmekonkurses hat keine erschöpfende Regelung gefunden. Ex professo widmet sich einer Spezialfrage aus der Masse-Lehre der § 199 KO, Vorkehrungen im Interesse der künftigen Masse trifft der § 197 Abs. 2 KO. Außerdem gestatten die §§ 198, 200 Abs. 2 gewisse konstruktive Rückschlüsse.

A.

1. Konkursmasse, Objekt des Generalpfands, sind nicht einzelne Vermögensgegenstände, sondern das Vermögen des Gemeinschuldners schlechtweg; die Person des Vermögensinhabers — im Falle der Vermögenssonderung überdies der Sonderungsgrund — genügen vollkommen zu ihrer Individualisierung. Die Wiederaufnahmemasse ist demgemäß hinreichend bestimmt als das Vermögen des Hauptkonkurs-Gemeinschuldners.

2. Eine weitere, sekundäre Frage ist die nach den Massebestandteilen. Das als solches unwandelbare Vermögen einer bestimmten Person ändert durch den Vermögensverkehr fortgesetzt seine Bestandteile; zur Bestimmung der Vermögensbestandteile bedarf es der Festlegung eines bestimmten Zeitpunktes, der Fixierung der Entwicklungsstufe des Vermögens. In seiner Zusammensetzung weist allerdings das Vermögen des ehemaligen Gemeinschuldners im Zeitpunkte der Wiederaufnahme gegenüber der Masse des Hauptkonkurses, seinem Vermögen im Zeitpunkte der Hauptkonkurseröffnung, erhebliche Veränderungen auf, alle Eingriffe des Vermögensverkehrs der Hauptkonkurszeit und Konkurs-Zwischenzeit: Abgang von Vermögensgegenständen während Hauptkonkurses und in der Zwischenzeit einerseits — Zugang, einmal

durch die mit Hauptkonkursaufhebung eintretende Verschmelzung mit dem konkursfreien Neuerwerb, weiter durch Neuerwerb in der Zwischenzeit anderseits.

3. Die für die Wiederaufnahmemasse maßgebende Entwicklungsstufe des Vermögens ergibt sich aus § 199 KO. Indem § 199 KO für die Zwischenzeit-Rechtshandlungen die Anfechtbarkeit ausspricht, setzt er die dingliche Wirksamkeit des zwischenzeitlichen Vermögensverkehrs auch dem Wiederaufnahmekonkurse gegenüber stillschweigend voraus.[1]

a) Wirksam bleibt auf der einen Seite der in der Zwischenzeit erfolgte Abgang von Bestandteilen der Hauptkonkursmasse. Erst hierdurch erhält die Klausel des § 198 Abs. 1 KO:

„wenn genügende Masse vorhanden ist“,

praktische Erheblichkeit: der auf Zwangsvergleich, also gemäß § 173 KO „vor Genehmigung der Schlußverteilung“ endigende Hauptkonkurs weist stets eine noch zu einer Schlußverteilung auf die gesamten aktuellen Konkursforderungen ausreichende Restmasse auf; diese würde, wenn in vollem Umfange dem Wiederaufnahmekonkurs wieder zur Verfügung stehend, doch auf alle Fälle dessen Kostenlast aushalten; die Kostenklausel des § 198 Abs. 1 KO wäre dann angesichts der §§ 173, 192 KO ein begriffliches Superfluum. Vor allem aber verbietet es die Sicherheit des Zwischenzeitverkehrs, Entäußerungen des Gemeinschuldners in der Zwischenzeit ohne weiteres, bloß um der Wiederaufnahme willen, zu entkäften.

Der Wiederaufnahmekonkurs sieht also ab von einer Wiederherstellung der vollen Hauptkonkursmasse — die Wiederaufnahmemasse ist schon deshalb in ihren Bestandteilen nicht identisch mit der Hauptkonkursmasse.

b) Die Wiederaufnahmemasse beschränkt sich aber auch nicht etwa auf die im Vermögen des Schuldners verbliebenen Resttrümmer der Hauptkonkursmasse. § 199 KO eröffnet die bloße obligatorische Anfechtbarkeit zugunsten der Wiederaufnahmemasse gegenüber allen Zwischenzeit-Entäußerungen, ohne Rücksicht auf die Zugehörigkeit der Gegenstände zur Hauptkonkursmasse; auch

[1] So: *Jaeger*, § 199 Anm. 1.

Stücke des Hauptkonkurs-Frei-Vermögens, auch Neuerwerb der Zwischenzeit können zur Wiederaufnahmemasse zurückgerufen werden. Um so mehr aber muß der dingliche Bann des Wiederaufnahmekonkurses alle Bestandteile des gegenwärtigen Vermögens des Schuldners erfassen, ohne Rücksicht auf ihre Herkunft.

Erst die Einbeziehung des gesamten gegenwärtigen Vermögens begründet ja die Notwendigkeit der von § 200 Abs. 2 KO bestimmten Zulassung der Neu-Gläubiger; die in § 200 Abs. 2 von der Konkursordnung ausdrücklich bestimmte Universalität der subjektiven Seite ist so ein zwingendes Symptom der vom Gesetz als selbstverständlich vorausgesetzten Universalität der objektiven Seite.[2]

Wiederaufnahmemasse ist sonach das Vermögen des Gemeinschuldners in seinem gegenwärtigen Stande zur Zeit der Wiederaufnahme.[3] Die Kontinuität zum Hauptkonkurse wird gewahrt ausschließlich durch die Identität des Vermögensinhabers: Gemeinschuldner des Wiederaufnahmekonkurses ist nur der Gemeinschuldner des Hauptkonkurses. bez. sein Nachfolger in der Vermögenspersönlichkeit, sein Erbe. In ihren Bestandteilen dagegen ist die Wiederaufnahmemasse identisch mit der Masse eines gleichzeitigen Neu-Konkurses. Auch für die Zugehörigkeit zur Wiederaufnahmemasse genügt — ganz ebenso wie für die Mitgliedschaft in der Wiederaufnahme-Gläubigergesamtheit — Fälligkeit für den Wiederaufnahmekonkurs: Vermögenszugehörigkeit, Konkursfähigkeit und Konkursreife im Momente der Wiederaufnahme wirken unterschiedslos die Unterwerfung unter den Wiederaufnahmekonkurs.

---

[2] So auch: *v. Sarwey-Bossert*, § 198 Anm. 3.

[3] So die herrschende Lehre: *Endemann*, S. 612. — *Fitting*, S. 452. — *Kohler*, Lehrbuch, S. 503; Leitfaden, S. 298. — *Oetker*, Grundbegriffe, S. 193. — *Jaeger*, § 198 Anm. 7. — *Petersen*, §§ 183ff. II, 3. — *Seuffert*, S. 451. — *F. Wach*, S. 65.

B

I.

1. „Für die Anfechtung von Rechtshandlungen", also für die Materie der Konkursanfechtung, parallel zu den §§ 29ff., trifft der § 199 KO Sonderbestimmungen.

Unter den beigeordneten „Aufrechnungsbefugnissen" ist, schon um dieser Gleichstellung mit der Konkursanfechtung willen, nur die Aufrechnungsverschränkung zufolge Anfechtungstatbestandes gemäß §§ 55 Ziff. 3, 56 KO zu verstehen.

Aus dem Gesamtkomplex der dem Wiederaufnahmekonkurs gegenüber dinglich wirksamen, die künftige Wiederaufnahmemasse schmälernden Rechtshandlungen greift indessen § 199 KO nur die

> „Rechtshandlungen, welche in der Zeit von der Konkursaufhebung bis zur Wiederaufnahme des Konkursverfahrens vorgenommen sind",

sowie

> „die in diesem Zeitraume entstandenen Aufrechnungsbefugnisse",

also nur einen zeitlich beschränkten Ausschnitt heraus; ungeregelt bleiben einerseits die nach Wiederaufnahme und anderseits die vor der Konkursaufhebung — nach oder vor Hauptkonkurseröffnung — vorgenommenen Rechtshandlungen.

2. „gilt als Tag der Zahlungseinstellung":

§ 199 KO trifft keine umfassende Neuregelung der Anfechtbarkeit; er befaßt sich nur mit einem einzigen Tatbestandselement. In § 199 KO ist indirekt als Obersatz anerkannt, daß die Anfechtungsbestimmungen des Hauptkonkurses für den Wiederaufnahmekonkurs zunächst vollkommen übernommen werden.

Die Zahlungseinstellung ist Tatbestandselement ausschließlich der besonderen Konkursanfechtung des § 30 KO; dem § 199 KO vollkommen entzogen sind also die Absichts- und die Schenkungsanfechtung. Und auch die Zahlungseinstellung wird von der dem „Tag der Zahlungseinstellung" sich widmenden Regelung des § 199

KO nur in ihrer Funktion als Zeitschranke, nicht in ihrer anderen Funktion als Bewußtseinsinhalt betroffen.

3. „gilt“:

Die Dispositive des § 199 KO ist eine Fiktion, die Schaffung eines Surrogats für das Zeitelement „Zahlungseinstellung“ im Tatbestande der besonderen Konkursanfechtung.

Diese Surrogierung hält er nun aber für notwendig nur: „wenn nicht inzwischen eine Zahlungseinstellung erfolgt ist,“ inzwischen, d. h. in der Zeit von der Aufhebung bis zur Wiederaufnahme des Konkursverfahrens.

Den Tatbestand der besonderen Konkursanfechtung erfüllt nicht jede Zahlungseinstellung schlechtweg, vielmehr nur eine solche, welche mit der Eröffnung dieses Konkurses in zeitlichem und kausalem Zusammenhang steht, unmittelbares Symptom von dessen Konkursgrund ist.

Die Eröffnung des Wiederaufnahmekonkurses setzt nun eine eigene Zahlungsunfähigkeit nicht voraus, eine etwa vorliegende Zahlungsunfähigkeit der Zwischenzeit ist für ihn unerheblich; eine für die Wiederaufnahme kausale Zahlungseinstellung gibt es demgemäß schlechterdings nicht.

Eines Surrogats bedarf es sonach in jedem Falle. Unkausal ist insbesondere auch die inzwischen erfolgte Zahlungseinstellung. Indem nun §199 KO diese in erster Linie gelten läßt, erhebt er sie zum primären Surrogat der von § 30 KO geforderten kausalen Zahlungseinstellung.

Die inzwischen erfolgte Zahlungseinstellung würde vollwirksames Anfechtungselement sein für einen gleichzeitig eröffneten Neu-Konkurs; indem §199 KO die inzwischen erfolgte Zahlungseinstellung als vollgültig hinnimmt, erhebt er allgemein gegen einen etwa gleichzeitig begründeten Neu-Konkurs gerichtete Schmälerungen zu Anfechtungstatbeständen auch für den Wiederaufnahmekonkurs. Dies ist in der Tat die unumgängliche Folge der Massenidentität zwischen Wiederaufnahmekonkurs und gleichzeitigem Neu-Konkurs: *jede gegen einen drohenden Neu-Konkurs gerichtete Entäußerungshandlung bedeutet objektiv kraft Rechtsnotwendigkeit zugleich eine Benachteiligung der Wiederaufnahmemasse.*

Hieraus ergibt sich zugleich eine Einschränkung der für § 199 KO in Frage kommenden Zahlungseinstellungen: kausal für einen gleichzeitigen Neu-Konkurs könnte nur eine noch bei Neueröffnung fortwirkende Zahlungseinstellung sein; auch für den Wiederaufnahmekonkurs muß danach die inzwischen erfolgte Zahlungseinstellung wenigstens in zeitlichem Zusammenhang stehen.

4. Mangels einer zeitlich verbundenen „inzwischen erfolgten Zahlungseinstellung“, in zweiter Linie, soll eingreifen — als sekundäres Surrogat des Zeitfaktors Zahlungseinstellung —

„der Tag des ersten die Verurteilung des Gemeinschuldners aussprechenden Urteils“.

a) „die Verurteilung des Gemeinschuldners“
ist die Verurteilung κατ᾽ ἐξοχήν des Wiederaufnahmekonkurses — wie initio §§ 197, 198 KO —, die Verurteilung wegen betrüglichen Bankrutts.

Mit dem

„ersten die Verurteilung aussprechenden Urteil“
wird eine Mehrheit zeitlich aufeinanderfolgender Urteile und zwar verurteilender Urteile mindestens als möglich vorausgesetzt.

Diese Urteilsmehrheit kann nicht beruhen auf einer Mehrheit der Prozesse. Als Urteilsgegenstand in Frage kommen ja ausschließlich solche Bankruttdelikte, die mit dem Hauptkonkurse in Tatbestandszusammenhang stehen; in Tatbestandszusammenhang zu einem bestimmten Konkursverfahren aber steht nur ein einziges Bankruttdelikt, Mehrheit der Bankrutthandlungen stellt nur eine fortgesetzte Begehung desselben dar; die Einzahl des Delikts aber gestattet nur einen einzigen Kriminalprozeß.[4]

Bei dieser unumgänglichen Einheit des Prozesses kann aber die Urteilsmehrheit nur auf einer Mehrheit der Instanzen beruhen; zufolge Rechtsmittel- — d. h. hier Revisions- — Angriffs kann zu dem ersten Urteil ein zweites, und wenn dieses auf Zurückverweisung

---

[4] Denkbar wäre eine Prozeßmehrheit nur so, daß der erste Bankruttprozeß noch während Anhängigkeit des Hauptkonkurses in erster Instanz erledigt würde, und der Gemeinschuldner unmittelbar danach einer erneuten Bankrutthandlung sich schuldig machte.

erging, durch weiteren Rechtsmittelangriff gegen dieses ein drittes und so fort hinzutreten.

b) Ein

„die Verurteilung des Gemeinschuldners ausprechendes Urteil"

ist unter den mehreren Bankrutturteilen sicher das letzte, den Bankruttprozeß abschließende, in Rechtskraft erwachsende und damit den Wiederaufnahmegrund vollendende Urteil.

Das

„erste die Wiederaufnahme aussprechende Urteil"

kann dieses letzte, den Bankruttprozeß beendende Urteil sein, sei es, daß vom Rechtsmittel kein Gebrauch gemacht worden, oder aber, daß es vom Revisionsgericht selbst gemäß § 394 Abs. 1 StPO erlassen worden ist. In diesem einen Falle — abgesehen von dem praktisch gleichen Falle des sofortigen Rechtsmittelverzichts — fällt der Anfechtungsgrund zeitlich mit dem Wiederaufnahmegrund zusammen.

Das erste Verurteilungsurteil braucht aber keineswegs die letzte Entscheidung zu sein; es können ihm ein die Revision verwerfender Beschluß oder aber die von ihm gesonderte, die Wiederaufnahme begründende, letzte Verurteilung folgen; ja zwischen beiden können sich Freisprechungen bez. weitere Verurteilungen einschieben.

In der Regel geht sonach der Wiederaufnahme-Anfechtungsgrund der Vollendung des Wiederaufnahmegrundes um eine ganze Spanne Zeit voraus. Ist der Anfechtungsgrund des Hauptkonkurses — sowohl die Zahlungseinstellung wie die Konkurseröffnung — abgesehen von den außerordentlichen zehn Vortagen des § 30 Ziff. 2 — stets ein Symptom, eine Reaktion des vollendeten Konkursgrundes, so bildet den sekundären Anfechtungsgrund des Wiederaufnahmekonkurses ein Zwischenstadium im Entwicklungsgange des Wiederaufnahmegrundes selbst; der Wiederaufnahme-Anfechtungsgrund ist ein Vorsignal des künftigen Wiederaufnahmegrundes.

c) Die Wahl gerade der ersten Verurteilung als Anfechtungsgrundes ist begründet in der Eigenart des Wiederaufnahmegrundes.

Die Erstverurteilung ist keineswegs ein zu früher Moment. Vollendet der Konkursgrund des Hauptkonkurses sich in aller Heimlichkeit, so daß sein Dasein eines besonderen anzeigenden Symptoms bedarf, so vollzieht die Entwicklung des Wiederaufnahmegrundes in ihrem letzten Stadium sich in einem Kriminalprozeß, damit in der vollen Öffentlichkeit;[5] diese Entwicklung selbst bedeutet für den freien Verkehr eine Kette von Warnungssignalen. Und gerade das erste verurteilende Urteil ist das eindringlichste Signal: mit diesem ist bereits die volle und richtige Bankrutterkenntnis, wie sie zur Wiederaufnahme verlangt wird, erbracht; das erkennende Gericht erklärt von sich aus seine Erkenntnistätigkeit für abgeschlossen, weitere Erkenntnistätigkeit führt schließlich nur zu dem gleichen Erkenntnis-Ergebnis, ist also überflüssig — und sie findet statt nur auf Betreiben des Gemeinschuldners, dem mit diesem weiteren Verfahren gerade ein bequemes Hilfsmittel gegeben ist, die formelle Vollendung des Wiederaufnahmegrundes hinauszuzögern und in der Zwischenzeit in aller Ruhe seine Vermögensstücke beiseite zu schaffen.

Die Erstverurteilung ist anderseits nicht schon zu spät. Die Anfechtbarkeit bedeutet ja ganz allgemein einen starken Eingriff in die Sicherheit des freien Verkehrs, erste Aufgabe der Anfechtungsnormen ist die „Versöhnung des Widerstreits zwischen den Interessen der in ihrer Befriedigungsaussicht verkürzten Gläubiger und der Verkehrsfreiheit“.[6] Speziell die besonderen Konkursanfechtungsgründe aber begründen Anfechtbarkeit überhaupt nur, sofern darauf der Konkursprozeß eröffnet wird; von den Anfechtungsgründen bis zur Entscheidung über die Konkursprozeßeröffnung besteht sonach ein unentschiedener Schwebezustand; eine derartige Verkehrslähmung ist gerechtfertigt nur bei möglichster Wahrscheinlichkeit der künftigen Konkursprozeßeröffnung, diese aber gibt erst die Erstverurteilung.

d) Gilt als

„Tag der Zahlungseinstellung“ der „Tag des ersten .... Urteils“.

---

[5] Gerade der Rechtskraftseintritt aber ist „zu wenig erkennbar“ Motive II (S. 428).

[6] Vgl. *Jaeger*, § 29 Anm. 1.

Von dem zu ersetzenden Tatbestand des § 30 KO wird eine Bestimmung auf den Tag gefordert nur für die außerordentliche Vordatierung der Anfechtung um die „letzten zehn Tage“ in Ziffer 2. Wenn § 199 KO ganz allgemein für den Tag der Zahlungseinstellung ein auf einen bestimmten Tag lautendes Surrogat vorsieht, so ist das begründet in der Natur dieses Surrogats: jedes Urteil lautet als solches glatt auf einen bestimmten Tag; es läßt sich somit einmal stets auf einen Tag präzisieren, läßt aber anderseits als solches, aus seinem Urteilsinhalte — zufällige Minutenberechnungen für seine Nebenwirkungen, wie für den Beginn der Strafverbüßung von Untersuchungsgefangenen bleiben hier außer Betracht — niemals eine genauere Bezeichnung zu; ganz im Gegensatz zur Zahlungseinstellung, die, wenigstens theoretisch, stets auf einen bestimmten Moment zu präzisieren ist.

Für Rechtshandlungen, die am Urteilstage selbst vorgenommen sind, wird die Anfechtungsfrage analog §§ 7, 8 KO zu entscheiden sein.

5. Auch in ihrer Funktion als Bewußtseinsinhalt wird die Zahlungseinstellung des § 30 KO zu ersetzen sein primär durch die inzwischen erfolgte Zahlungseinstellung, sekundär durch die Erstverurteilung.[7] Dies ergibt sich zunächst aus § 199 KO selbst, insofern dieser auch für die aus Anfechtungstatbestand entspringenden Aufrechnungsbefugnisse die Surrogierung durch die Erstverurteilung vorsieht: denn bei diesen Aufrechnungsbefugnissen figuriert die zu surrogierende Zahlungseinstellung überhaupt nur als Bewußtseinsinhalt. Es ergibt sich vor allem aus dem Wesenszweck der besonderen Konkursanfechtung, welche gerade solche Handlungen treffen will, die angesichts drohender par condicio noch schnell vor deren Eintritt ergingen, für welche demgemäß subjektiv die Kenntnis der die künftige par condicio anzeigenden Symptome, der „Krisentatsachen“ entscheidend ist. Gerade nach dem Wesenszwecke der Anfechtung aber muß es fraglich erscheinen, ob für die Funktion als Bewußtseinsinhalt die Erstverurteilung nur als sekundäres Surrogat Verwendung finden darf. In dem Wortlaute des § 199 KO ist die Subsidiarität ausgesprochen lediglich für die Funktion als Zeitfaktor. Und es wäre doch recht unbillig, wenn die

---

[7] So auch: *Kohler*, Lehrbuch, S. 502. — *Seuffert*, S. 451.

konkurswidrige Handlungen auslösende Kenntnis der Erstverurteilung so lange unbeachtlich bleiben sollte, als objektiv eine inzwischen erfolgte Zahlungseinstellung vorliegt.

6. Dem „Antrage auf Eröffnung des Verfahrens" entspricht der Antrag auf Wiederaufnahme des Konkursverfahrens.[8] Diesem Faktor kommt im Wiederaufnahmekonkurs eine weit geringere Bedeutung zu. Zwar nimmt schon im allgemeinen Anfechtungstatbestand des § 30 KO der Eröffnungsantrag erst die zweite, subsidiäre Stellung ein, indessen kann hier doch im einzelnen Falle der prinzipale Faktor „Zahlungseinstellung" ganz fehlen, so daß dann sowohl als Zeitfaktor wie als Bewußtseinsinhalt ausschließlich der Eröffnungsantrag in Frage kommt. Im Wiederaufnahmekonkurs dagegen ist der prinzipale Faktor „Zahlungseinstellung" zufolge der Vorkehrungen des § 199 KO in jedem einzelnen Falle durch ein Surrogat vertreten; zum mindesten in der Funktion als Zeitfaktor steht der Wiederaufnahmeantrag auch im Einzelfalle stets in zweiter Linie, kumulativ, da; singuläre Bedeutung kann ihm sonach nur in der Funktion als Bewußtseinsinhalt für den Fall der Unkenntnis der Zahlungseinstellungs-Surrogate zukommen.

7. Absichts- und Schenkungsanfechtung aus Zwischenzeit-Rechtshandlungen regeln sich im Wiederaufnahmekonkurs vollkommen nach den Bestimmungen der §§ 31, 32 KO.

II.

1. Für die Anfechtung von Rechtshandlungen, die vor der „Aufhebung des Konkursverfahrens" vorgenommen worden sind, ist zunächst die Vorfrage zu entscheiden: Bestehen die für den Hauptkonkurs begründeten Anfechtungsrechte schon als solche ohne weiteres auch für den Wiederaufnahmekonkurs? Ein derartiger Fortbestand würde praktisch vor allem den Vorteil bieten, daß die Wahrung der Fristen der §§ 31, 32, 33 KO gegenüber der Hauptkonkurseröffnung auch für den Wiederaufnahmekonkurs ausreichen würde.

---

[8] So auch: Motive, S. 428. — *Endemann*, S. 612. — *Jaeger*, § 199 Anm. 1. — *Petersen*, §§ 183ff. II². — *v. Sarwey-Bossert*, § 199. — *F. Wach*, S. 65. — *Wengler*, § 185. — *v. Wilmowski*, § 199 Anm. 1.

Ein derartiger Fortbestand ist aber nach dem ganzen Wesen der Anfechtung von vornherein ausgeschlossen. Die Anfechtungsrechte stehen in keinerlei Beziehung zum Konkursgrunde, sie sind vielmehr lediglich obligatorische Erweiterungsmöglichkeiten des in der formellen Konkurseröffnung wurzelnden dinglichen Konkursbeschlags. Ist nun aber der dingliche Beschlag der Wiederaufnahme gegenständlich ein vollkommen neuer, wirkt der dingliche Hauptkonkursbeschlag in keiner Weise nach, so kann um so weniger von irgendwelchen Nachwirkungen der obligatorischen Anfechtungspositionen des Hauptkonkurses die Rede sein. Die „Unwirksamkeit gegenüber den Konkursgläubigern" hat eben nicht nur für § 6, sondern auch für die §§ 29ff. KO im Wiederaufnahmekonkurs eine ganz neue Bedeutung. Neu ist schon die Benachteiligungswirkung: der Wiederaufnahmekonkurs kann einer materiellen Konkurslage vollständig entbehren, so daß dann mangels Benachteiligung der Wiederaufnahmekonkursgläubiger überhaupt jegliche Anfechtbarkeit entfällt.

Für die Anfechtbarkeit im Wiederaufnahmekonkurse müssen sonach sämtliche Tatbestandselemente diesem gegenüber gegeben sein; *keine Anfechtbarkeit des Hauptkonkurses besteht schon als solche auch ohne weiteres gegenüber dem Wiederaufnahmekonkurs.*[9]

2. Die besondere Konkursanfechtung steht auch in ihrem gegenständlichen Bereich, in den von ihr erfaßten Rechtshandlungen, in ganz besonders engem Zusammenhang mit einem bestimmten formellen Konkursprozesse. Sie will die Zufälligkeiten des Zeitpunktes der Konkurseröffnung ausgleichen, auch für diejenigen Entäußerungen, die zwar vor formeller Konkurseröffnung, aber in Voraussicht drohender Konkurseröffnung ergangen sind, die Einbeziehung in den Konkursbeschlag ermöglichen. Der Wiederaufnahmekonkurs droht nun aber seiner Prozeßstellung nach niemals vor Hauptkonkursaufhebung; die Hauptkonkursaufhebung ist ja die allererste Voraussetzung künftiger Wiederaufnahme, erst durch sie wird die abstrakte Möglichkeit und damit Voraussehbarkeit künftiger Wiederaufnahme begründet.

---

[9] So auch: *Jaeger,* § 199 Anm. 3. — Abw.: *Kohler,* Leitfaden, S. 298. — *Roeder,* S. 67 Anm. 1. — *v. Wilmowski,* § 199 Anm. 2.

Weiter aber dürfte es für die vor Hauptkonkursaufhebung vorgenommenen Rechtshandlungen an jedem Anfechtungselemente fehlen. Die von § 199 KO eingeführten spezifischen Wiederaufnahme-Anfechtungselemente treten schon nach der ratio des § 199 KO stets erst nach Hauptkonkursaufhebung, „inzwischen" auf. Den spezifischen Anfechtungselementen des Hauptkonkursprozesses aber fehlt es an dem unentbehrlichen zeitlichen Zusammenhang mit der Konkurswiederaufnahme: sowohl der fortwirkende Hauptkonkurseröffnungsantrag wie eine während Hauptkonkurses bestehende Zahlungseinstellung, sei es der Hauptkonkursmasse, sei es des Hauptkonkurs-Freivermögens, sind mit der Hauptkonkursaufhebung abgebrochen.

Rechtshandlungen des Hauptkonkursprozesses selbst sind, weil in einer par condicio erfolgt, schon als solche für den Wiederaufnahmekonkurs, der diese par condicio ja nur fortführen will, der Konkursanfechtung entzogen.

Überdies dürften vor Hauptkonkursaufhebung vorgenommene Rechtshandlungen in der Hauptsache schon durch § 33 KO geschützt sein.

Also keine besondere Konkursanfechtung gegenüber Rechtshandlungen aus der Zeit vor der Hauptkonkursaufhebung!

3. Die Tatbestände der Absichts- und der Schenkungsanfechtung wurzeln in den Rechtshandlungen als solchen; sie halten durch, auch wenn die formelle Vollstreckungsverfassung sich ändert; es ist ein und dieselbe Anfechtbarkeit, die bald gemäß § 3 des Anfechtungsgesetzes, bald nach §§ 31, 32 KO und 13 des Anfechtungsgesetzes geltend zu machen ist. Für die Absichts- und Schenkungsanfechtung im Wiederaufnahmekonkurs ist es deshalb vollkommen gleichgültig, ob die Rechtshandlung liegt im Konkurs-Zwischenstadium, oder aber vor der Hauptkonkursaufhebung; auch vor oder während des Hauptkonkurses vorgenommene Rechtshandlungen unterliegen der Anfechtung, sofern nur die Fristen für sie gewahrt sind.[10]

---

[10] So auch: *Jaeger*, § 199 Anm. 3.

Die Konkursbefriedigungsakte des Hauptkonkurses allerdings sind als solche für den Wiederaufnahmekonkurs bei dessen Susidiärstellung gegenüber dem Hauptkonkurse der Anfechtung schlechtweg entzogen.

4. Für die durchhaltenden Anfechtungsrechte aus der Zeit vor der Konkursaufhebung — für welche nach dem Obigen ausschließlich Absichts- und Schenkungstatbestände in Frage kommen — hat sonach der Hauptkonkurs gegenüber dem Wiederaufnahmekonkurs lediglich die Bedeutung eines Bestandteiles der Wiederaufnahme-Vorzeit; nur diejenigen Nachwirkungen, die der Hauptkonkurs auf die zwischenzeitliche Individual-Vollstreckung ausübt, vermag er auch auf den Wiederaufnahmekonkurs auszuüben.

a) Die Nachwirkungen des Hauptkonkurses auf die Individual-Zwischenzeit sind geregelt in § 13 Abs. 4 des Anfechtungsgesetzes. Danach werden noch unerledigte Anfechtungsprozesse des Verwalters in der Prozeßlage, in die sie gegenüber dem Verwalter gelangt waren, für die Individual-Anfechtung übernommen. Die Geltendmachung des Anfechtungsrechtes durch den Verwalter wirkt zugleich als Anfechtung für die Spezial-Exekution. Für die noch zu erklärende Anfechtung wirkt die Hauptkonkurseröffnung als fristenwahrende Vor-Anfechtung in die Spezial-Exekutionslage hinein auf Jahresfrist.

b) Das Überwirken der zwischenzeitlichen Individual-Anfechtungslage auf den Wiederaufnahmekonkurs bestimmt sich allgemein nach § 13 Abs. 1 bis 3 des Anfechtungsgesetzes: allgemein werden die Einzelgläubiger durch den die Gesamtgläubigerschaft vertretenden Verwalter verdrängt; bei Anhängigkeit von Individual-Anfechtungsprozessen hat der Verwalter das Wahlrecht zwischen Übernahme und neuer Konkursanfechtung.

Lediglich in diesem Rahmen, nur durch die überwirkende Individual-Anfechtungslage hindurch kann die Anfechtungslage des Hauptkonkurses überwirken. Im Hauptkonkurse geführte Anfechtungsprozesse stehen dem Verwalter lediglich wahlweise zur Übernahme zur Verfügung — und zwar in derjenigen Prozeßlage, zu der sie in der Zwischenzeit weitergeführt worden sind; die Hauptkonkurs-Anfechtung genügt als Geltendmachung wie für die Individual-Zwischenzeit, so für den Wiederaufnahmekonkurs. Alle Anfechtungsfristen sind prinzipiell auf den Moment der Wiederaufnahme abzustellen; als fristenwahrende Vor-Anfechtung vermag die Hauptkonkurs-Anfechtung nur dann zu dienen, wenn sie diese Funktion zur Zeit der Wiederaufnahme für die Individual-Anfechtung noch verrichtet: also nur für denjenigen Wiederaufnahmekonkurs, dessen Wiederaufnahmebeschluß vor Ablauf der Jahresfrist seit der Hauptkonkursaufhebung ergangen ist.

Es unterliegen sonach der *Absichts- und Schenkungsanfechtung Rechtshandlungen schlechtweg*, ohne Rücksicht auf ihre zeitliche Stellung zum Hauptkonkurse und ganz in derselben Weise wie in einem Hauptkonkurse — dagegen *der besonderen Konkursanfechtung nur Zwischenzeit-Rechtshandlungen.*

III.

Die allgemeine Gestaltung der Anfechtungsrechte des Wiederaufnahmekonkurses weist Eigenheiten auf, die begründet sind in den Wesens-Eigenheiten des Wiederaufnahmekonkurses.

1. Eigenartig ist vor allem die Grundvoraussetzung aller Anfechtung: die Benachteiligungslage der Gläubigerschaft. Besteht für den auf Konkursgrund eröffneten Normalkonkurs von vornherein die gesetzliche Vermutung der Vollstreckungs-Ausfallslage, so ist dem Wiederaufnahmekonkurs eine Benachteiligungslage keineswegs wesentlich. Die Wiederaufnahmemasse kann zur Befriedigung voll ausreichen, so daß für die Subsidiär-Ergänzung durch Anfechtung jedes Bedürfnis fehlt und jede Anfechtung unzulässig ist; auf alle Fälle trägt die Beweislast für die Insuffizienz der anfechtende Verwalter, die Verfahrenseröffnung liefert hier keine tatsächliche Vermutung.

2. Treibende Kräfte des Wiederaufnahmekonkurses sind ausschließlich die Inhaber von Konkursansprüchen; mit der Befriedigung der aktuellen Konkursanspruchsinhaber hat das Verfahren ohne weiteres sein Ende erreicht. Auch die Anfechtung ist für den Wiederaufnahmekonkurs nur insoweit eröffnet, als Anfechtungsergänzung der Wiederaufnahmemasse zur Befriedigung

der aktuellen Konkursanspruchsinhaber erforderlich ist. Die Konkurrenzanspruchsinhaber profitieren lediglich mit von den Früchten der zugunsten jener eröffneten Anfechtungsrechte, soweit sie mit jenen auf gleicher Prozeßstufe rangieren.

Ganz im Gegensatze hierzu stehen unter den Passivsubjekten der besonderen Konkursanfechtung des § 30 KO die Konkurrenzanspruchsinhaber vollkommen ebenbürtig neben den Konkursanspruchsträgern; jedem Gläubiger mit Konkursforderungstatbestand, ohne Unterschied, kann durch die besondere Konkursanfechtung ein Individualerwerb angesichts drohender Konkurswiederaufnahme wieder entrissen werden.

3. Endlich sind gewisse Gruppen von Rechtshandlungen der Anfechtung zugunsten des Wiederaufnahmekonkurses von vornherein entrückt. Eine benachteiligende Rechtshandlung stellen niemals dar:

a) alle Rechtshandlungen des Hauptkonkurses. Der Hauptkonkurs ist für den Wiederaufnahmekonkurs in allen seinen Teilen sakrosankt; dieser will nur eine Fortführung jenes sein.

b) Produkte der par condicio des Hauptkonkurses und als solche der Wiederaufnahmeanfechtung entzogen sind auch die zugunsten der Konkursanspruchsinhaber begründeten Zwangsvergleichsgarantien. Diese Vormachtstellung der Konkursanspruchsinhaber ist überdies ausdrücklich gesetzlich sanktioniert in § 200 Abs. 2 KO.

c) Unanfechtbar ist endlich die Erlaßreduktion des § 197 KO. Diese bedeutet ja überhaupt gar keine objektive Rechtsveränderung, sondern lediglich die Zerstörung eines Rechtsscheines. Und ihrer Tendenz nach ist sie die unmittelbare Parallelaktion zum Wiederaufnahmekonkurs, dient sie somit gerade dem Wesenszwecke des Wiederaufnahmekonkurses.

C.

Die unter A für den gegenständlichen Herrschaftsbereich und unter B für die obligatorische Expansionskraft des Wiederaufnahmebeschlags entwickelten Grundsätze bilden die Richtlinien auch für den weiteren Ausbau der Wiederaufnahmemasse.

I.

Auch Separationsrechte gegenüber dem Hauptkonkurse gründen sich ausschließlich auf die gegenwärtige Vermögenslage[11]. Separationsrechte des ausgehenden Hauptkonkurses sind nie schon als solche wieder Separationsrechte gegenüber dem Wiederaufnahmekonkurse; zu absonderungsweiser Befriedigung berechtigen auch solche Rechtslagen, welche erst in der Zwischenzeit begründet sind.

Unter den Separatisten hebt sich hervor die Separatistengesamtheit der Zwangsvergleichsgläubiger für die Vergleichsgarantien (arg. § 200 Abs. 2 KO).

II.

Für die Masseforderungen des Hauptkonkurses wird die Frage nach ihrem Übergreifen in den Wiederaufnahmekonkurs angesichts der von § 191 Abs. 1 KO vorgesehenen Berichtigung bez. Sicherstellung sämtlicher Masseforderungen ohne Unterschied praktisch erheblich nur für die versehentlich Übergangenen sowie die etwa tatsächlich unzureichend Sichergestellten.

1. Masseforderungen des Hauptkonkurses sind nie schon als solche ohne weiteres wieder Masseforderungen des Wiederaufnahmekonkurses.[12]

Die Vorzugsstellung der Masseforderungen allgemein ist be gründet nicht im materiellen Konkursanspruch: aus dem Überwirken des materiellen Hauptkonkursgrundes auf den Wiederauf-

---

[11] So auch: *Roeder*, S. 50.

[12] Abw.: *Endemann*, S. 612. — *Jaeger*, § 200 Anm. 2. — *Kohler*, Lehrbuch, S. 504. — *Petersen*, §§ 183 ff. II 2. — *Roeder*, S. 52. — *v. Sarwey-Bossert*, § 200 Anm. 3. — *Seuffert*, S. 451. — *Wengler*, § 186 Anm. 1. — *v. Wilmowski*, § 200 Anm. 2.

nahmekonkurs ist also für die Masseforderungen kein Schluß zu ziehen.[13] Die Masseforderungen sind Aufwendungen im gemeinschaftlichen Interesse der Konkursprozeßaktivmasse: im formellen Konkursprozeß-Zustande ist ihre Vorzugsstellung begründet. — Jede Forderung setzt zu ihrer Entstehung die rechtlich unbeschränkte Möglichkeit der Vollerfüllung voraus, nie kann — das wäre ein Widersinn — eine Forderung von vornherein als Konkursforderung, auf die Konkursdividende reduziert, zur Entstehung gelangen: dies ist wohl die letzte ratio der Ausnahmestellung von Masseforderungen. Diese ratio aber entfällt für die Hauptkonkursmasseforderungen gegenüber dem Wiederaufnahmekonkurs: die Wiederaufnahmekonkursprozeß-Anhängigkeit trifft diese als bereits entstandene Forderungen, denen bereits während Hauptkonkursanhängigkeit und sodann in der Zwischenzeit die rechtlich unbegrenzte Möglichkeit der Erfüllung gewährt worden ist.

Für die Masseforderungen-Stellung im Wiederaufnahmekonkurs müssen sonach *gegenwärtig*, dem Wiederaufnahmekonkurse gegenüber, *sämtliche Voraussetzungen gegeben sein.*

2. Forderungen, die im Hauptkonkurse die Stellung von Masseforderungen genossen haben, können aber überhaupt niemals wieder dem Wiederaufnahmekonkurs gegenüber den Masseforderungentatbestand erfüllen, auch eine zufällige Deckung der beiderseitigen Masseforderungen ist sonach ausgeschlossen. Im Sinne des Kostenrechts ist der Wiederaufnahmekonkurs ein vollkommen neues Verfahren (GKG § 58) — § 58 Ziff. 1 KO —; Aufwendungen für die Konstituierung der Hauptkonkursaktivmasse fehlt es an jeder Beziehung zur Wiederaufnahmemasse — § 58 Ziff. 2 KO —; die Unterstützungsbewilligung im Hauptkonkurs hat sich mit der Hauptkonkursaufhebung erledigt, die im Wiederaufnahmekonkurs bewilligte Unterstützung ist eine durchaus neue, weil sie ruht auf einem durchaus neuen Bewilligungsakte — § 58 Ziff. 3 KO —. Die Masseschulden der Ziff. 1 des § 59 KO haben ihren Entstehungsgrund notwendig in Handlungen des Wiederaufnahmeverwalters; die ungerechtfertigte Bereicherung, wie Ziff. 3 sie voraussetzt, darf erst zugunsten der fraglichen Masse selbst, also erst nach ihrer Kon-

[13] Abw.: *Roeder*, S. 53.

stituierung, nicht etwa schon vor Konkursprozeßbeginn entstanden sein;[14] erst zur Wiederaufnahmemasse darf die Erfüllung verlangt werden bez. erst für die Zeit nach Wiederaufnahme darf sie vorgesehen sein, wenn die Vertragsgegenansprüche auf eben dieser Wiederaufnahmemasse als Masseschulden gemäß Ziff. 2 lasten sollen.

III.

1. Die von § 197 Abs. 2 KO vorgesehenen Sicherheitsmaßregeln scheinen, ihrer Stellung im Gesetze nach, lediglich arrestatorische Hilfsmaßregeln für die Spezialexekution der Zwangsvergleichsgläubiger des § 197 Abs. 1 KO darzustellen. In Wahrheit sind es aber die Konkursarrestoria des § 106 KO, die hier eine besondere Regelung erfahren.[15] Darauf deutet schon die Zuständigkeit des Konkursgerichts für ihre Anordnung.[16] Als „Sicherheitsmaßregeln gegen den Gemeinschuldner", d. h. eben als Konkursexekutions-Hilfsmaßnahmen, werden ja die Sicherheitsmaßregeln ausdrücklich gekennzeichnet. Mit dem prägnanten Schlagworte „Sicherheitsmaßregeln gegen den Gemeinschuldner" wird ausdrücklich auf die für den Normalkonkurs in § 106 KO ausführlich geregelten Sicherheitsmaßregeln Bezug genommen. Daß überhaupt Sicherheitsmaßregeln angeordnet werden, wird in § 197 Abs. 2 KO nicht etwa erst bestimmt, sondern als selbstverständlich nach dem Normalkonkursrechte, eben nach § 106 KO, vorausgesetzt; bestimmen will § 197 Abs. 2 KO lediglich die Zulässigkeit dieser Anordnung „schon vor der rechtskräftigen Verurteilung"; hierin erschöpft sich die Dispositive des § 197 Abs. 2 KO.

Hiermit erklärt sich auch die zunächst auffallende Stellung dieser Bestimmung in § 197 statt in § 198 KO: § 198 KO regelt ausschließlich den formellen Wiederaufnahmekonkursbeschlag selbst; alle Ereignisse vor Konkursbeschlag, als solches auch die vorzeitige Anordnung von Sicherheitsmaßregeln, sind in den § 197 KO verwiesen.

[14] Vgl. *Jaeger*, § 59 Anm. 10.

[15] So auch: *Fitting*, S. 450. — *Jaeger*, § 197 Anm. 3. — *Kohler*, Lehrbuch, S. 502; Leitfaden, S. 298. — *Oetker*, Grundbegriffe, S. 197f. — *Petersen-Kleinfeller*, §§ 183ff. I. — *Roeder*, S. 80ff. — *v. Sarwey-Bossert*, § 197 Anm. 2. — *Seuffert*, S. 448. — *F. Wach*, S. 62. — Abw.: *v. Wilmowski*, § 197 Anm. 2. — Unentschieden: *Endemann*, S. 610.

[16] So auch: *Jaeger*, § 197 Anm. 3. — *Oetker*, Grundbegriffe, S. 198.

2. Anordnung „schon vor der rechtskräftigen Verurteilung“ bedeutet Anordnung vor Vollendung des Wiederaufnahmegrundes. Während im Normalkonkurse die Sicherheitsmaßregeln nicht nur den vollendeten Konkursgrund, sondern außerdem noch den allgemeinen Konkursantrag voraussetzen, dann allerdings von Amts wegen ergehen, ermächtigt § 197 Abs. 2 KO zur Anordnung vor Vollendung des Wiederaufnahmegrundes, sofern durch speziellen Antrag die Anregung gegeben ist.

3. Sind es die Konkursarrestoria, welche § 197 Abs. 2 KO behandelt, so können die „Gläubiger“, von deren Antrag die Anordnung derselben abhängig gemacht wird, in deren Interesse diese also ergehen, keine anderen sein als die Interessenten des künftigen Wiederaufnahmekonkurses: die Gläubiger des § 197 Abs. 2 KO sind identisch mit den „Konkursgläubigern“ des § 198 KO:[17] sämtliche Inhaber von Hauptkonkursansprüchen.

IV.

Die Masse-Zulänglichkeit, Prozeßvoraussetzung des Normalkonkurses, seiner Einleitung (§ 107 KO) wie seiner Fortführung (§ 204 KO), wird von § 198 auch als Prozeßvoraussetzung des Wiederaufnahmekonkurses ausdrücklich hervorgehoben; § 198 KO sieht sie zwar nur als Voraussetzung des Beginns vor; analog § 204 KO wird sie aber auch Voraussetzung der Fortführung sein. Mit der kurzen Andeutung — „wenn genügende Masse vorhanden ist“ — nimmt § 198 KO, ähnlich wie § 204 KO, Bezug auf die volle Formel des § 107 KO: „wenn nach dem Ermessen des Gerichts eine den Kosten des Verfahrens entsprechende Konkursmasse ... vorhanden ist“.

Ja, § 198 KO erhebt die Masse-Zulänglichkeit für den Wiederaufnahmekonkurs zu einer ungewöhnlich scharfen Prozeßvoraussetzung. Während sie in § 107 KO nur als Ausnahmefall negativ nachträglich aufgeführt wird, erhebt § 198 KO sie zum positiven Tatbestandselement. Und für den Beginn des Wiederaufnahmekonkurses — Entsprechendes muß für die Fortführung gelten — ist die Massezulänglichkeit nicht nur Kann-, sondern Muß-Voraussetzung.[18]

[17] So auch: *Jaeger*, § 197 Anm. 4. — *Petersen-Kleinfeller*, §§ 183ff. I. — *Roeder*, S. 83, 43 — Vergl. oben S. 45 —.

[18] So auch: *v. Wilmowski*, § 198 Anm. 1.

Sechster Teil.

Das formelle Verfahren.

§ 201 KO.

„Das Verfahren ist soweit als nötig zu wiederholen."

I.

1. „Das Verfahren".

a) ist das Konkursverfahren im Sinne des zweiten Buches der KO, das formelle Verfahren. Dieses allein ist einer willkürlichen Wiederholung zugänglich. Nicht etwa umfaßt das „Verfahren" des § 201 das gesamte Gebiet der KO, das Konkursverfahren im allgemeinsten Sinne: für dieses bedient die KO sich des Ausdruckes „Konkursverfahren"; von diesem ist in den §§ 198, 199 die Rede, schon der § 200 dagegen handelt in bewußtem Gegensatze hierzu vom „Verfahren".

Auch „die das Verfahren betreffenden Verhältnisse" der §§ 75, 100 KO werden von dem „Verfahren" des § 201 KO nicht gedeckt.

b) „An dem aufgenommenen Verfahren" — so wird der vorausgehende § 200 mit besonderem Nachdruck eingeleitet. Nur das „aufgenommene Verfahren", das Verfahren nach Wiederaufnahme, ist sonach Gegenstand des § 201 KO. Aus dem Geltungsbereiche des § 201 sind weiter auszuscheiden die die Verfahrenseröffnung und deren Bekanntmachung regelnden Bestimmungen des zweiten Titels des Buch II: §§ 102 bis 109, 111 bis 113 KO. Das eigentliche Aufnahmeverfahren, das Eröffnungsverfahren des Wiederaufnahmekonkurses, wird bereits in § 198 behandelt, bereits dort ist auf die soeben von § 201 ausgeschiedenen Parallelbestimmungen des Normalverfahrens Bezug genommen. Die Sicherheitsmaßregeln des § 106 finden ihre Parallele in § 197 Abs. 2.

2. Wiederholung des Verfahrens
ist für die formell-prozessuale Betrachtung des Verfahrens als Prozeßgebildes die Setzung einer neuen Verfahrens-Anhängigkeit nach Abschluß der Hauptverfahrens-Anhängigkeit.

Materiell, dem Prozeßinhalte nach, ist sie die Neusetzung des vom Verfahrenszwecke geforderten Verfahrensinhaltes.

3. „Das Verfahren ist soweit als nötig zu wiederholen“:
Das Verfahren ist insoweit zu wiederholen — Gebotsnorm; und nur soweit als nötig darf das Verfahren wiederholt werden — einschränkende Verbotsnorm. Neben dem Minimum stellt sonach der § 201 zugleich das Maximum der Wiederholung auf. Eine weitergehende Wiederholung, über das Maß des § 201 hinaus, verbietet sich schon unmittelbar aus dem jeden Lebensvorgang, insbesondere jedes Verfahren beherrschenden Prinzipe des kleinsten Mittels.

§ 201 sieht sonach eine beschränkte Verfahrenswiederholung vor. Jeder Beschränkung unzugänglich ist nun die formell-prozessuale Verfahrenswiederholung: als Prozeßgebilde ist jede Verfahrenswiederholung notwendig eine volle, unteilbare neue Anhängigkeit. Die Beschränkung kann sich nur beziehen auf den Verfahrensinhalt: der vom Verfahrenszwecke geforderte Inhalt wird nur zu einem Teile neu gesetzt.

4. „Das Verfahren . . . . soweit“.

Das Verfahren erscheint für § 201 als ein teilbares Aggregat von einzelnen Elementen, von Verfahrensakten.

Verfahrensakte in diesem Sinne sind nur Handlungen der Prozeßsubjekte (Gericht — Verwalter — Gläubiger — Gläubigerschaft — Gemeinschuldner); die reinen juristischen Tatsachen sind ja willkürlicher Wiederholung unzugänglich. Verfahrensakte sind nur rechtserhebliche Handlungen; jeder Erheblichkeit entbehren rein tatsächliche Vorgänge wie die Anlegung der Tabelle etc. Verfahrensakte als Wiederholungselemente des § 201 sind endlich nur Prozeßhandlungen im metaphysischen Sinne, d. h. vom konkreten Verfahrenszwecke geforderte Prozeßhandlungen — nicht das bloß empirische, willkürliche Beiwerk, insbesondere die Prozeßunrechtshandlungen.

Verfahrenswiederholung ist in diesem Sinne die Neusetzung

der vom Verfahrenszwecke geforderten Verfahrensakte. Beschränkte Verfahrenswiederholung ist in diesem Sinne die Neusetzung nur eines Teiles der geforderten Verfahrensakte — insoweit Verfahrenswiederholung; für die restlichen Akte werden die parallelen Akte des Hauptverfahrens übernommen — insoweit Verfahrensanlehnung.

Bei den einzelnen Verfahrenselementen, Akt für Akt, ist die Entscheidung zwischen Wiederholung und Anlehnung vorzunehmen.

II.

„soweit als nötig".

Als Maß der Wiederholung stellt § 201 die Notwendigkeit auf. Notwendigkeit ist ein relativer Begriff, eine formale Schablone, die — je nach dem Zusammenhang — bald diesen, bald jenen Inhalt aufweist. Es gibt verschiedene Notwendigkeiten!

So findet denn auch in der Literatur der Begriff „Nötig" in § 201 die verschiedenartigsten Auslegungen.

Die meisten werten die Klausel „soweit als nötig" als eine inhaltlose, selbstverständliche Floskel; sie erklären die Abmessung der Wiederholung für „eine im einzelnen zu beantwortende Tatfrage", „eine Zweckmäßigkeitsfrage", stellen die Entscheidung ganz auf „die zur Zeit der Wiederaufnahme obwaltenden Verhältnisse", „die Umstände" des einzelnen Falles ab — sie verzichten damit auf jede juristische Bestimmung des Wiederholungsmaßes.[1]

Oder aber, sie legen der Notwendigkeit die allgemeinen Vorstellungen unter, die sie sich von dem Wiederaufnahmekonkurs gebildet haben; sie operieren mit allgemeinsten Schlagworten wie:

> „da der Wiederaufnahmekonkurs kein neues Verfahren sei, vielmehr das frühere nur wiederaufgenommen werde" —[2]
>
> „weil aber das wiederaufgenommene Konkursverfahren doch zunächst als Erneuerung und Fortsetzung des früheren behandelt werde" —[3]

Schlagworten, die ebensowenig Klärung zu bieten vermögen.

---

[1] So: *Jaeger*, § 201 Anm. 1. — *v. Sarwey-Bossert*, § 201 Anm. 1. — *v. Wilmowski*, § 201 Anm. 1.

[2] So: *v. Sarwey-Bossert*, § 201 Anm. 4.

[3] So: *Fitting*, S. 453.

Nur hier und da finden sich konkretere Hinweise auf die prozessuale Struktur des Wiederaufnahmekonkurses:

„das Verfahren wird soweit wiederholt, als es wegen der Erweiterung auf neues Vermögen und neue Konkursgläubiger notwendig ist“ —[4]

„alle Geschäfte zur Sicherung, Feststellung und Verwertung der Teilungsmasse sind vom Verwalter vorzunehmen“ —[5].

Diese Hinweise deuten den richtigen Weg an, der allein eine prinzipielle und zugleich sichere Bestimmung des Maßes der Wiederholung ermöglicht. Systematisch-konstruktiv, aus der gesamten Struktur des Wiederaufnahmekonkurses, muß der Umfang seines formellen Verfahrens sich ergeben. Mit den allgemeinen Grundsätzen jedes Zivilprozesses, den Besonderheiten des Konkursverfahrens und endlich den speziellen Eigenarten der Konkurswiederaufnahme muß das formelle Verfahren im Einklang stehen — als Prozeßwiederholung, als Konkurswiederholung und als Konkurswiederaufnahme enthält der Wiederaufnahmekonkurs Wiederholungsnotwendigkeiten.

A.

1. Allgemein, für jede *Prozeß*-Wiederholung, erhebt die Frage, ob Neuvornahme oder Übernahme, sich überhaupt nur für diejenigen Akte, die vom Verfahrenszwecke des Wiederholungsverfahrens erheischt werden: nur Zweck-relevante Akte sind überhaupt Inhalt des Wiederholungsverfahrens; alle Verfahrenszwecks-irrelevanten Akte, insbesondere alle spezifischen Akte des Hauptverfahrens, die dem vom Wiederholungsverfahrenszwecke nicht gedeckten Teile des Hauptverfahrenszwecks angehören, scheiden von vornherein aus dem Inhalte des Wiederholungsverfahrens überhaupt aus, werden weder übernommen noch neu vorgenommen.

2. Innerhalb der Schranken des Wiederholungsverfahrenszwecks aber, für den Wiederholungsverfahrensinhalt, stehen Neuvornahme und Übernahme in Reziprozitätsverhältnis. Zwei

---

[4] So: *Fitting*, S. 453.

[5] So: *v. Sarwey-Bossert*, § 201 Anm. 2.

Gesichtspunkte sind es demgemäß, nach denen das Maß der Neuvornahme sich bestimmt: negativ die Unmöglichkeit der Übernahme des Parallelaktes aus dem Hauptverfahren, und positiv die Notwendigkeit der Neuvornahme im Wiederholungsverfahren.

a) Übernahme ist nur insoweit möglich, als überhaupt ein Vorgang im Hauptverfahren vorliegt; Übernahme ist von vornherein ausgeschlossen, Neuvornahme unumgänglich für die nicht vom Hauptverfahrenszwecke gedeckten Partien des Wiederholungsverfahrenszwecks, für die spezifischen Wiederholungsverfahrensakte.

b) Um aber in den Dienst des Wiederholungsverfahrenszwecks treten zu können, muß der Vorgangsakt des Hauptverfahrens weiterhin fähig sein zum Überwirken über das Hauptverfahren hinaus, in das Wiederholungsverfahren hinein. Einer Übernahme unzugänglich sind alle ephemären Akte. Hierher gehören insbesondere alle zeitlich fixierten Akte:[6] alle Akte, die — wie Termine (Prüfungstermine!) oder Fristen (Anmeldefrist!) — bloße Zeitgrößen sind oder wenigstens eine Fristsetzung als wesentliches Aktelement enthalten (Erlaß des offenen Arrestes, § 118 KO). Fortwirkung kommt derartigen zeitlich fixierten Akten nur als erledigten zu: die an den Zeitablauf etwa geknüpfte Präklusionswirkung (vgl. § 155 KO) besteht auch für das Wiederholungsverfahren.

Ferner können auch solche Akte, die ihrer Natur nach wohl fähig wären zum Überwirken, im einzelnen Falle durch individuell-zufällige Ereignisse diese Fähigkeit eingebüßt haben: Verwalter oder Gläubigerausschußmitglieder können in der Zwischenzeit die Verwaltungsfähigkeit verloren haben, gestorben sein. Derartige individuelle Zwischenereignisse hätten übrigens in der Regel ebensogut bereits während Anhängigkeit des Hauptverfahrens eintreten können, sind also keine typischen Erscheinungen der Verfahrenswiederholung.

Also Übernahme unmöglich, Neuvornahme unumgänglich bei Unfähigkeit des Vorgangsaktes zum Überwirken.

---

[6] So auch: *Jaeger*, § 201 Anm. 2. — *Fitting*, S. 453. — *v. Sarwey-Bossert*, § 201 Anm. 3. — *Seuffert*, S. 452. — *v. Wolmowski*, § 201 Anm. 1.

c) Und endlich ist Vorbedingung der Übernahme des Vorgangsaktes die Geneigtheit des Wiederholungsverfahrenszwecks zur Übernahme bereits gesetzter Akte. Übernahme ist ausgeschlossen, Neuvornahme geboten, sofern aus dem Wiederholungsverfahrenszwecke sich ein besonderes Interesse gerade an Neuvornahme des Aktes ergibt. So ist Neuvornahme selbstverständlich für alle Informationsakte über den jeweiligen Stand beständig wechselnder Verhältnisse: für die Kassenuntersuchung (§ 88 Abs. 2), für die Berichterstattung über die Lage der Sache, die Geschäftsführung, die bisher ergriffenen Maßregeln (§§ 88 Abs. 2, 131).

3. Nicht für alle Akte eines Verfahrens erhebt die Frage — Neuvornahme oder Wiederholung — sich mit gleicher Stärke. Sind alle Verfahrensakte gleichmäßig eingespannt in den Verfahrenszweck, so stehen gewisse Akte überdies in Abhängigkeit von anderen Verfahrensakten, sind Hilfsakte zu Hauptakten: so der Gläubigerausschuß als Überwachungs- und Unterstützungsorgan des Verwalters, der Offenbarungseid zum Inventar, der Prüfungstermin zur Prüfung, die Bekanntmachung zu der bekanntzumachenden Entscheidung. Wiederholung des Hauptaktes — wenigstens soweit sie in dessen Natur begründet ist — zieht mit Rechtsnotwendigkeit, ohne weiteres, die Wiederholung des Hilfsaktes nach sich; der sekundäre Hilfsakt folgt dem Hauptakt.

B.

Der Wiederaufnahmekonkurs ist Wiederholung eines *Konkursverfahrens.*

1. Das Konkursverfahren ist ein Vollstreckungsverfahren; es bewegt sich sonach nicht in den entlegenen Sphären der Erkenntnis, greift vielmehr fortgesetzt mit Willensakten in die Wirklichkeit ein. Und die Bedeutung dieser Akte erschöpft sich keineswegs in einer Dauerwirkung nach der Vornahme der Akte — als facta —; der Erlaß des offenen Arrestes selbst,[7] die Androhung der Ordnungsstrafe als solche — also die Aktverwirklichung, der Akt als fiens — äußern die für das Gesamtverfahren wesentlichen Wirkun-

[7] So auch: *Jaeger* § 201 Anm. 2. — *Fitting,* S. 453. — *v. Sarwey-Bossert,* § 201 Anm. 3. — *Seuffert,* S. 452. — *v. Wilmowski,* § 201 Anm. 1.

gen. Diese an die Aktvornahme sich knüpfenden Momentanwirkungen aber lassen sich nicht aus einem Vorgangsverfahren übernehmen; soweit der Verfahrenszweck derartige Momentanwirkungen erheischt, ist Neuvornahme des Aktes unerläßlich.

2. Das Konkursverfahren ist Vollstreckungsverfahren im Konkurszustand, in einer vorübergehenden Anormalität der Exekutionslage. Die formelle Eröffnung des Konkursverfahrens bedurfte der Durchführung durch Konstituierung der Konkursverfassung: diese Konstituierung vollzog sich generell mit den „bei der Eröffnung des Konkursverfahrens“ vorzunehmenden, sie unmittelbar begleitenden Allgemein-Akten des § 110 KO (Ernennung des Verwalters — Erlaß des offenen Arrestes, Bestimmung der Anmeldefrist — Bestimmung des Wahl- und Prüfungstermins); sie vollzog sich speziell: subjektiv in der Bestellung des Gläubigerausschlusses (§ 87), und objektiv in allen der Feststellung und Sicherung der Teilungsmasse dienenden Akten (§ 117 bis 125 KO). Die Konkursaufhebung als Renormalisierung der Exekutionslage hatte die Wiederaufhebung dieser Konkursverfassung zur Folge: die der Konstituierung der Konkursverfassung dienenden Akte verloren teils mit Konkursaufhebung ohne weiteres ihre Wirksamkeit — so die Postsperre des § 121 —; teils waren sie durch ausdrückliche Gegenteils-Akte in ihrer Fortwirkung aufzuheben — so die Siegelung § 122 Abs. 1, die Bücherschließung § 122 Abs. 2. —

Die Konstituierung des Wiederholungskonkurses hat sonach vollkommen von frischem zu erfolgen;[8] die Konstituierungsakte des Hauptverfahrens, da mit Konkursaufhebung erledigt, sind zu einer Überwirkung ins Wiederholungsverfahren nicht imstande.

3. Das Konkursverfahren ist Generalexekutionsverfahren: ein Exekutionsverfahren, an dem subjektiv eine Vielheit von Gläubigern beteiligt ist, und das objektiv eine Vielheit von Exekutionsgegenständen umfaßt. Die Verfahrensakte sind entweder auf ein einzelnes, bestimmtes dieser Elemente abgestellt, müssen demgemäß für jedes weitere Element von neuem vorgenommen werden

---

[8] So auch: *Jaeger*, § 201 Anm. 2.

— Individualakte: Aufzeichnung, Anmeldung usw., oder aber sie können auf eine beliebige Vielheit bez. die Gesamtheit derartiger Elemente sich erstrecken — Generalakte: Offenbarungseid, Prüfung usw. —

Für im Wiederholungskonkurse neu eintretende Elemente können wohl Generalakte, nie aber Individualakte des Hauptverfahrens übernommen werden.

C.

Der Wiederaufnahmekonkurs ist eine *besonders geartete* Konkurswiederholung: Konkurswiederholung *im Dienste des Wiederaufnahmezwecks.* Die Eigenart dieses Wiederaufnahmezweckes, wie sie in den Besonderheiten der Verfahrensgrundlagen, der Verfahrensstellung, der Verfahrenssubjekte und des Verfahrensgegenstandes sich ausprägt, muß auch in der formellen Verfahrensgestaltung zum Durchbruche kommen.

1.

Materiell — nach seinen *Grundlagen* — ist der Wiederaufnahmekonkurs

a) ein Konkursverfahren ohne gegenwärtigen Konkursgrund. Im Wiederaufnahmekonkurs fehlt sonach jedes Bedürfnis nach allen spezifisch auf den Konkursgrund abgestellten Akten. So entfällt die Berichterstattung des Verwalters über die Entstehung der Zahlungsunfähigkeit (§ 131 KO). Im Wiederaufnahmekonkurs gibt es demgemäß auch keine Eintragungen in die schwarze Liste des § 107 Abs. 2 KO: die Masseunzulänglichkeit ist ja weiter nichts wie eine besonders intensive, bis zur Konkursprozeßunfähigkeit gesteigerte Konkursgrund-Lage; im Regelkonkurse nun entspricht der Steigerung der Konkursgrund-Lage stets eine Verschärfung der Konkursverletzung: die Konkurslage löst hier ja als solche die nach Befriedigung in der Konkursorganisation verlangenden Konkursansprüche aus — und die besondere Intensität eben dieser Konkursgrund-Lage ist es, welche gerade diese Konkursorganisation unmöglich macht; um der Verschärfung der spezifischen Konkursverletzung willen bedarf die konkursprozeßunfähige Konkurslage der Brandmarkung. Diese Beziehung zur spezifischen Konkursverletzung aber fehlt vollkommen im Wiederaufnahmekonkurs: wegen des Hauptkonkursgrundes ist Konkursorganisation bereits im Hauptkonkurs gewährt worden; mit dem Bankrutte aber hat die Vermögensunzulänglichkeit nichts zu tun; die Masseunzulänglichkeit im Wiederaufnahmekonkurs bietet kein konkursmäßiges Interesse. — Deshalb wird in § 198 KO, während dieser den Tatbestand des Absatz 1 des § 107 erschöpfend rekapituliert, der Absatz 2 des § 107 weder wiederholt noch auch nur zitiert.

b) Die Grundlagen des Wiederaufnahmekonkurses sind notorisch von der Bankruttabsicht bearbeitet, Bankrutt-verwirrt. War diese Verwirrung während des Hauptkonkurses zwar schon existent, indessen noch unerkannt, so liegt sie nunmehr offen zutage, bildet sie für das Wiederaufnahmeverfahren einen wesentlichen Faktor, mit welchem bei der formellen Verfahrensgestaltung zu rechnen ist. Mit Rücksicht auf diese Verwirrung aber bedarf das Wiederaufnahmekonkursverfahren in gesteigertem Maße besonderer Schutzvorkehrungen zur Bemeisterung und Klärung der Verwirrung. Insbesondere nach dem Gläubigerauschuß als Unterstützungs- und Überwachungsorgan für den Verwalter besteht im Wiederaufnahmekonkurs ein weit größeres Bedürfnis: jedenfalls ist ein Gläubigerausschuß im Wiederaufnahmekonkurs wieder zu bestellen, wenn bereits ein solcher im Hauptkonkurs bestanden hatte.

2.

Seiner *formellen Prozeßstellung* nach ist der Wiederaufnahmekonkurs

a) ein Konkursverfahren mit von vornherein bekannter Vergleichs-Unzugänglichkeit: mangels Vergleichsmöglichkeit entfällt im Wiederaufnahmekonkurs das Bedürfnis nach allen spezifisch auf den Zwangsvergleich abgestellten Verfahrensakten. Es entfällt sonach der gesamte Zwangsvergleichsverfahrensabschnitt — Buch II, Titel 6 —. Es entfallen aber auch die außerhalb des Zwangsvergleichsverfahrens stehenden, auf den Zwangsvergleich abgestellten Akte: insbesondere ist die Einreichung eines Zwangsvergleichsvorschlags allenthalben im Wiederaufnahmekonkurse eine vollkommen unerhebliche Tatsache, vermag diese eine Termineverbindung gemäß § 110 Abs. 2 nicht zu rechtfertigen, bildet diese kein Hindernis für die Schließung des Geschäfts (§ 130 Abs 2), den Verkauf von Massegegenständen (§ 133 Ziff. 1), den Vollzug einer Abschlagsverteilung (§ 160) usw.

b) Der Wiederaufnahmekonkurs will die Vollstreckungstätigkeit des Hauptkonkurses in keiner Weise beseitigen, dieselbe vielmehr weiterführen zum vollen Abschluß. Demgemäß behalten einmal die Vollstreckungsakte des Hauptkonkurses ihre volle Wirksamkeit als Teil-Vorverfahren; insbesondere die im Hauptkonkurse eingetretenen Präklusionen bestehen weiter für dessen Bereich, für diese gewesene Etappe des Gesamtverfahrens: so sind gegen die im Hauptkonkurse nicht beanstandete Schlußrechnung des Verwalters gemäß § 86 Satz 4 auch im Wiederaufnahmekonkurse Einwendungen nicht mehr verstattet, diese behält ihre abschließende und entlastende Wirkung als Zwischenrechnung im Sinne des § 132 Abs. 2; Verwalter und Gläubigerausschußmitglieder behalten ihre Ansprüche auf die Erstattung der festgesetzten Auslagen und die festgesetzte Vergütung für die Abwicklung des Hauptkonkurses (§§ 85, 91) —, soweit diese noch nicht ausbezahlt sein sollten.

Behält sonach das Hauptkonkursverfahren seine volle Relevanz de praeterito, so bietet es anderseits für die Befriedigungsfortführung im Wiederaufnahmekonkurs keinerlei Vorgang: Vorgangs-los sind die weiteren Abschlagsverteilungen des Wiederaufnahmekonkurses, Vorgangs-los ist dessen Schlußverteilung. Das Befriedigungsverfahren des Wiederaufnahmekonkurses bedarf allenthalben der Neuvornahme.

3.

Subjektiv ist auch das formelle Wiederaufnahmeverfahren beherrscht von dem Dualismus der Konkursanspruchsträger und bloßen Konkurrenzansprüchler. Neben dem Plenum der Konkursgläubiger steht die Vorrechtsgläubigerschaft der Konkursanspruchsinhaber.

Einseitig auf die Konkursanspruchsinhaber ist das Verfahrenstempo abgestellt. Die Konkurrenzanspruchsinhaber sind in die Stellung von Nachzüglern gedrängt. Ihr Bedürfnis allein begründet deshalb für das Gesamtverfahren noch keine Notwendigkeit der Wiederholung von Generalakten (vgl. oben B 3).

So erübrigen sich im Wiederaufnahmekonkurs insbesondere die Provisoria des Gerichts im ersten Stadium, vor der ersten Gläubigerversammlung. Sind diese im Hauptkonkurse geboten, weil die Willensmeinung der Gläubiger dort einstweilen noch vollkommen unbekannt ist, so sind sie anderseits im Wiederaufnahmekonkurs entbehrlich, weil hier die Meinung der Konkursanspruchsinhaber ja vom Hauptkonkurs her bereits bekannt ist; daß aber die Konkurrenzanspruchsinhaber noch nicht zu Worte gekommen sind, ist unerheblich. Der Wiederaufnahmekonkurs beginnt sofort mit Definitivorganen: mit dem alten Verwalter, mit dem alten Gläubigerausschuß in der Besetzung des Hauptkonkurses;[9] einer Bestätigung durch die erste Gläubigerversammlung gemäß §§ 80, 87, 110 KO bedürfen dieselben nicht.

4.

Die *Masse* des Wiederaufnahmekonkurses als das Vermögen des Schuldners zur Zeit der Wiederaufnahme ist in ihrer Zusammensetzung eine vollkommen neue.

Neu vorzunehmen sind deshalb alle Akte, die die Masse zum unmittelbaren Gegenstande haben. Zweifellos neu vorzunehmen sind alle Generalakte, wie die Inventarerrichtung[10] des § 124, da die Summe der Massegegenstände sicher sich verändert hat. Einzelne Bestandteile der Hauptkonkursmasse können in der Wiederaufnahmemasse wiederkehren — zufällig, ohne rechtliche Notwendigkeit —; auch dann kann indessen der Zeitenwechsel noch in Wertveränderungen sich bemerkbar machen: auch Individualakte an konstant gebliebenen Massestücken, wie die Individualaufzeichnung des § 123, sind deshalb neu vorzunehmen.

Neu vorzunehmen sind aber auch alle die Akte, die mittelbar nach dem Stande der Aktivmasse sich richten, durch diesen moti-

---

[9] So auch: *Fitting*, S. 453. — *v. Sarwey-Bossert*, § 201 Anm. 1. — *Seuffert*, S. 452. — *v. Wilmowski*, § 201 Anm. 1.

[10] So auch: *Jaeger*, § 201 Anm. 2. — *v. Sarwey-Bossert*, § 201 Anm. 2. — *Seuffert*, S. 452.

viert sind. So ist die Notwendigkeit der Aufzeichnung, der Zuziehung von Sachverständigen (§ 123 Abs. 1 Satz 2) ganz nach dem gegenwärtigen Massenzustand zu beurteilen.

Neu vorzunehmen sind demgemäß aber auch alle Akte, die nach dem Gesamtverhältnisse der beiden Massen, nach der Gesamtkonkurslage, sich orientieren. Nach der gegenwärtigen Wiederaufnahmekonkurslage ist neu zu entscheiden — ohne Rücksicht auf etwaige Vor-Entscheidungen des Hauptkonkurses —, ob und in welcher Höhe dem Gemeinschuldner eine Unterstützung gewährt werden soll (129, 132) — im Hauptkonkurs erteilte Genehmigungen gemäß §§ 133 und 134 sind für die veränderte Lage des Wiederaufnahmekonkurses nicht mehr ausreichend, auf einen Untersagungsantrag gemäß §§ 135 Abs. 2, 99 hat das Gericht sich neu schlüssig zu machen. Das neue Masseverhältnis bedingt insbesondere ein vollkommen neues Verteilungsverfahren: nach der neuen Masse-Lage bestimmt sich die Voraussetzung der „hinreichenden baren Masse“ des § 149 KO, bestimmt sich der Prozentsatz der Abschlagsverteilung (§ 159).

5.

„Früher geprüfte Forderungen werden nur hinsichtlich einer inzwischen eingetretenen Tilgung von neuem geprüft.“

1. Dies ist selbst bereits ein Satz des formellen Verfahrens, die Regelung einer speziellen Frage des formellen Verfahrens. Mit dieser speziellen Frage wird implicite entschieden die Gerichtszuständigkeit: nur bei Gerichtsidentität ist die vorgesehene teilweise Übernahme des Hauptkonkurs-Erkenntnisverfahrens möglich — zwischen Haupt- und Wiederaufnahmekonkurs greift prorogatio fori Platz. „Das Gericht“, durch dessen Beschluß gemäß § 198 Abs. 2 KO die Wiederaufnahme erfolgt, ist das Gericht des Hauptkonkurses.

2. Diese Spezialregelung erscheint als Absatz 2 zu dem allgemeinen Satze von der Verfahrenswiederholung. Das Gesetz bringt sie als spezielle Nutzanwendung, authentische Interpretation der von ihm in Abs. 1 angeordneten Verfahrenswiederholung; Absatz 2 des § 201 KO ist eine Erkenntnisquelle, aus der

ganz allgemein Aufschluß zu gewinnen ist über das Maß, in welchem nach Absatz 1 die Wiederholung des Verfahrens „nötig" ist.

§ 201 Abs. 2 KO ist zunächst über sein eigentliches Gebiet hinaus ein Leitstern für sonstige Erkenntnisverfahrensfragen — so vermag ein im Hauptkonkurse gemäß § 95 Abs. 1 gewährtes vorläufiges Stimmrecht ebensowenig wie eine Hauptkonkursfeststellung in den Wiederaufnahmekonkurs überzuwirken. Und ganz allgemein lehrt § 201 Abs. 2, daß die Wiederholungsfrage des § 201 Abs. 1 keineswegs lediglich mit der schroffen Alternative: — entweder volle Wiederholung oder volle Übernahme — abgetan ist, daß vielmehr im einzelnen Falle auch eine komplizierte Mischung, eine teilweise Übernahme mit teilweiser Auffrischung, geboten sein kann.

Ergebnis.

Die Konkursansprüche des Hauptkonkurses, aus der von der Bankruttabsicht ausgelö ten Bankruttlage der Massen eine ungewöhnliche Widerstandskraft schöpfend und den Zwangsvergleich überdauernd, werden die treibenden Kräfte des Wiederaufnahmekonkurses. Der Wiederaufnahmekonkurs dient dem Hauptkonkurszwecke; seine Grundlage ist der, kraft des Bankrutts fortwirkende, Hauptkonkurs-**Grund.**

In bankruttverseuchter Konkurslage entbehrt die Konkursgläubigerschaft von vornherein, generell, jeder Vergleichs-Dispositionsmacht; mangels Dispositionsmacht aber ist jeder Zwangsvergleich konkursmäßig wirkungslos. — Für die Konkurs-**Wiederaufnahme** sind beschwert stets und ausschließlich die Gläubiger — und zwar durch die Vorzeitigkeit der Konkursprozeßaufhebung: in bankruttverseuchter Konkurslage, angesichts der aus dieser drohenden Gefahren, vermag ein Zwangsvergleich diese Vorzeitigkeit nicht zu motivieren. — Die vom Hauptkonkurse bereits gewährte Befriedigung des Verfahrenszwecks läßt die Konkurswiederaufnahme vollkommen unangetastet; im Gegenteil führt sie dieselbe, nach ihrem vorzeitigen Abbruch mit Hauptkonkursaufhebung, weiter bis zur Vollbefriedigung.

Als **Gläubiger** zum Wiederaufnahmekonkurs zugelassen, Mitglieder der Wiederaufnahmegesamtheit sind alle Gläubiger eines eventuellen gleichzeitigen Neukonkurses — ohne Rücksicht auf Konkursansprüche. Inhaber von Konkursansprüchen sind unter ihnen nur die überhaltenden Inhaber von Hauptkonkursansprüchen. Allen übrigen Gesamtheiten-Mitgliedern stehen bloße Konkurrenzansprüche zu, gerichtet lediglich auf Wahrung der par condicio, Mit-Berücksichtigung in der par condicio, wenn und soweit diese jeweils für die Konkursansprüche besteht. Den Konkurrenzanspruchsinhabern fehlt es an jeder Dispositionsmacht über Dasein und Umfang des Konkurszustandes — dies ihre besondere Schwäche; demgegenüber sind die Konkursanspruchsinhaber außergewöhnlich gestärkt durch die spezifischen Wiederaufnahmekonkursvorteile.

Ein etwaiges **Erkenntnisverfahren** des Hauptkonkurses wird übernommen als Bestandteil in das einheitliche Gesamterkenntnisverfahren zwecks Wiederaufnahme-Titulierung. Weil notwendig verfrüht, vermag es zwar nie abschließend ein Wiederaufnahme-Erkenntnisverfahren vollkommen zu ersetzen; nicht wirkt über seine funktionelle Konkursstadien-Präklusion, und mit dieser zessiert die Konkurserkenntnisstoff-Präklusion für die Zukunft. Immerhin entlastet es das Wiederaufnahmeerkenntnisverfahren als fakultatives Vorverfahren für die ersten Entwicklungsstadien des Liquidatsgrundes; es wirken über: Wiederaufnahmekonkurs-mäßig, allen Mitgliedern der Wiederaufnahmegesamtheit gegenüber, die Konkurserkenntnisstoff-Präklusion für die Vergangenheit und die Konkurserkenntnisstoff-Präklusion zu Lasten des Liquidanten — individuell die Präklusionen der Individual-Liquidationsprozesse. Das Hauptkonkurs-Erkenntnisverfahren wirkt über in dem Stande, auf den es von den Prozessen der Zwischenzeit weitergeführt worden ist.

Die **Masse** des Wiederaufnahmekonkurses deckt sich gegenständlich mit der Masse eines gleichzeitigen Neukonkurses. — Für die Anfechtung im Wiederaufnahmekonkurs sind treibende Kräfte lediglich die Konkursanspruchsinhaber. Die besondere Konkursanfechtung ergreift Rechtshandlungen nur der Zwischenzeit, und zwar einerseits Rechtshandlungen angesichts drohender Konkurswiederaufnahme, zugleich aber auch Rechtshandlungen angesichts etwa gleichzeitig drohender Eröffnung eines Neukonkurses. Der Absichts- und Schenkungsanfechtung unterliegen Rechtshandlungen jedes Stadiums, soweit sie nicht vom Hauptkonkurse gedeckt sind — indessen nur, wenn sämtliche Anfechtungstatbestandselemente dem Wiederaufnahmekonkurse gegenüber gegeben sind; die Anfechtungsrechte des Hauptkonkurses wirken als solche nicht über. — Masseforderungen des Hauptkonkurses sind nie wieder Masseforderungen des Wiederaufnahmekonkurses.

Die Notwendigkeit der Wiederholung des **formellen Verfahrens** ergibt sich systematisch-konstruktiv aus dem Wesen jeder Prozeß-Wiederholung, aus den Besonderheiten der Konkurs-Wiederholung und endlich den Eigenarten der Konkurs-Wiederaufnahme, wie sie sich offenbaren in den Verfahrensgrundlagen, der Prozeßstellung, den Verfahrensgläubigern und der Verfahrensmasse.

FSC
www.fsc.org
MIX
Papier | Fördert gute Waldnutzung
FSC® C083411

Kolibri 360 GmbH
Ferdinand-Jühlke-Straße 7
99095 Erfurt, Deutschland
produktsicherheit@kolibri360.de